Das Kochbuch
der
Anna Maria
Stainer
1789

Ueberreuter

CIP-Kurztitelaufnahme der Deutschen Bibliothek

Stainer, Anna Maria
[Das Kochbuch]
Das Kochbuch der Anna Maria Stainer: 1789 / hrsg. von Leomare
Qualtinger. — Wien, Heidelberg: Ueberreuter, 1978.
  ISBN 3-8000-3146-9

Illustrationen: alle Museum Carolinum Augusteum, Salzburg

J 1077/1
Umschlag von Herbert Schiefer unter Verwendung einer Innenillustration
© 1978 by Verlag Carl Ueberreuter, Wien · Heidelberg
Papier und Gesamtherstellung: Salzer - Ueberreuter, Wien
Printed in Austria

ZU DIESEM BUCH

Wenn eine unglückliche Liebe sich zur Kochkunst sublimiert, dann ist das alleweil gut für die Kochkunst. Das vorliegende Kochbuch, das mir auf einem Dachboden unter altem Gerümpel in die Hände fiel, ist das hervorragende Ergebnis einer solchen Sublimierung. Und wegen der unglücklichen Liebe und ihren rührenden Umständen habe ich es für wert befunden, das Wenige, was wir über die Kochkünstlerin, Frau Anna Maria Stainer, geb. Zeisberger, aus Salzburg, wissen, am Rande der Kochrezepte mitzuteilen.

Sie war keine Vielschreiberin, die Anna Maria. Weihnachten 1785 bekommt sie von ihrer Tante Amélie, bei der sie in Wien wohnt, um zu lernen, »wie man sich feyn benimmt und eyn Haus führt«, ein Tagebuch, in das sie sporadisch Eintragungen macht – eigentlich nur solche, die ihre große Wiener Herzensangelegenheit betreffen: den Franz Hohenwarter, Hofratssohn aus Wien und ebenso mittellos wie sie.

Nach Salzburg zurückgekehrt, heiratet sie den bereits etablierten Doktor Zozel (später von Stain) und wird Hausfrau, Mutter und – vor allem – ausgezeichnete Köchin. Aus dieser Zeit haben wir nur mehr spärliche Hinweise auf ihr Leben: einige wenige Tagebucheintragungen, Briefentwürfe, bekritzelte Kalenderblätter – und das herrliche Kochbuch, das sie für ihre Stieftochter Pepperl anlegt.

Da ab nun biographische Aufzeichnungen und Rezepte parallel nebeneinander entstanden, habe ich mich

entschlossen, die aus dieser Zeit stammenden Nach-
richten aus dem Leben der Stainerin in das Kochbuch
einzustreuen. Wer sich nicht für Kochrezepte
interessiert, kann den Lebensroman der Anna Maria
lesen; wen das Leben der Stainerin langweilt, der
kann sich an ihren kulinarischen Köstlichkeiten
delektieren. Das ideale Vergnügen scheint mir aber
in beidem zu liegen, denn das Leben der Anna Maria
Stainer bestand zu einem nicht geringen Teil aus
der »Kocherey« – damals kein Einzelschicksal: ohne
Kühlschrank und ohne Gas-, Elektro- und Mikro-
wellenherd konnte zu den Zeiten Mozarts und des
Kaisers Josef Kochen eine Lebensbeschäftigung sein.
Die etwas krause Orthographie der Stainerin habe
ich natürlich zum besseren Verständnis des Textes
»entstaubt«, wenn auch nicht gänzlich ihres ba-
rocken Reizes beraubt. Ähnlich vorgegangen bin
ich bei den Mengenangaben; wobei ich die manchen
Köchinnen ungewohnte Angabe in kg (= 2 Pfund)
und dkg (= 10 g) beibehalten habe.

Die Herausgeberin

Tagebuch

für

Anna Maria Zeisberger.

Von Deiner Tante Amélie.
24. 12. 1785

2. 2. 86

Das war heut eyne Comödi!

Die Gräfin Wallerburg ist dazu gekommen, wie die Marie Louise mit der Maria Antonia den neuen Tanz probiert hat. Ländler heißt er und geht sofort in die Füß, ich hab ihn auch probiert, himmlisch! Niemand hat die Wallerburg kommen gehört, sie schleicht so, daß ihr ja nichts auskommt.

»Aber meine Damen«, hat sie gerufen, »ich bin sprachlos!«

Dann hat sie eyne Viertelstunde geschimpft. Über den unzüchtigen Tanz, den man paarweise tanzt, und überhaupt über die Mädchen von heute. Sie wird es dem Fürsten sagen. Die Marie Louise wird nicht zur Hofburg-Redut gehen dürfen, wo man vielleicht diese entsetzlichen neuen Tänze tanzt, statt Menuett und Kwadril.

Die Marie Louise hat gesagt: »Der alte Drachen.«

Ich hätte schon zur Tante Amélie gehen sollen, bin aber noch mit dem Franz Hohenwarter geblieben, der den Ländler so schön auf dem Pianoforte spielen kann.

Der Franz hat blaue Augen. Er sagt zu mir: »Anne Marie, ma très chère cousine.« Aber ich weiß nicht, wieso wir miteinander verwandt sind. Er ist eyn VON und eyn Hofratssohn aus Wien, beym Fürsten Schwarzenberg im Kanzleidienst. Ich bin eyne Landpomeranze aus Salzburg. Eigentlich eine See-pomeranze, sagt der Franz, weil ich ja vom Mondsee stamme. Vielleicht sind der Franz und ich so miteinander verwandt, weil wir alle zwey gar kein Vermögen haben?

8

8. 4. 86

Daß der Fasching aus ist, geht mich nichts an, ich hab ja nirgends hindürfen. Eyn 17jähriges Mädchen hüten ist ärger als eynen Sack Flöhe, sagt die Tante Amélie. Sie hat eynen Schlüsselbund am Bauch hängen, sie sperrt alles auf und zu im Schwarzenberg-Palais am Neuen Markt. Ich darf jetzt auch beym Eingang Kärntnerstraße hineyngehen, weil hinten, im Gassel, die Hauptwache ist. Und die Manns-bilder reden mich immer blöd an.

Meyne Mutter hat gesagt, die Tant Amélie, ihre Schwester, hat es besser erwischt als sie. Die ist gleich in den Dienst gegangen, nach Wien, ihr hat kein Gemahl wegsterben müssen und sie mit nichts als einem kleinen Kind zurückgelassen!

»Anne Marie, ma très chère cousine«, hat der Franz zu mir gesagt, »es ist eyn Geschenk des Himmels, daß du in Wien bist.«

»Für mich kein Geschenk des Himmels«, hab ich ein bissl bös gesagt. Denn Maman hat Grund gehabt, mich zu Tante Amélie zu schicken, damit ich in der großen Stadt Wien lernen soll, wie man sich feyn benimmt und eyn Haus führt.

5. 5. 86

Von der Tante weiß der Franz jetzt, warum ich in Wien Benehmen, Kochen und eyn Haus führen lernen soll. Weil die Mutter möchte, daß der Doktor Eckhart Zozel mich heiratet. Er ist eyn doppelter Wittiber, und ich kenne ihn von klein auf. Er hat zwey Kinder, die Pepperl und den Schani. Sie der-barmen mich manchmal, weil sie keyne Mutter haben und immer dreckert sind. Darum sind sie auch so schlimm, so daß dem Doktor Zozel die Wirt-schafterinnen immer davonrennen.

25. 5. 86

Zu meynem Geburtstag hat mich die Tante an eynem Frühlingsfest in Schloß Laxenburg teilnehmen lassen. Natürlich ist sie mitgefahren.

Trotz des Ländlers und anderer Tanzunsitten hat die Prinzessin Marie Louise sich im heurigen Fasching verlobt – sagt der Franz, in der ironischen Art, wie er redet. So hat man in Laxenburg außer dem Frühling auch die Verlobung gefeiert.

Die Maria Antonia hat keynen Bräutigam gefunden, dabey ist sie so schön und die Nichte von unserem Hausdrachen, der Gräfin Wallerburg, die beym Fürsten alles erreicht! Ich glaube, die Maria Antonia spitzt auf den Franz, auch wenn er arm ist.

Ich bin sehr unglücklich!!!

Warum ist eyne Schildkröthe etwas Besseres als eyn junges Kalbl, das den Schlächter anschaut, und er sticht es doch? Es haben für das Festessen in Laxenburg so viele Viecher dran glauben müssen. Auch die große Schildkröthe aus dem Griechenlande.

Wir sind Boot gefahren auf dem Laxenburger Teich. Zwischendurch habe ich in die Küche müssen, helfen. Wie ich wiederkomme, haben sie mich gefragt, was es alles geben wird. Angeblich auch Schildkröthensuppe. Wie kommt eyne Schildkröthe in den Suppentopf? Kocht man sie alser lebendiger? Ich habe erzählt, wie man eyne Schildkröthe umbringt. Es ist sehr grausam. Das Töthen von den Viechern für die Tafeln ist ja überhaupt sehr grausam.

»Wie anschaulich du das erzählst«, hat die Maria Antonia gesagt. »Als machte es dir Freude. Hast du denn kein Herz für die arme Schildkröthe?«

Sie schloß vor lauter Entsetzen über mich ihre falschen Augen: ja, falsch ist sie, das erkannte ich

Innviertler Tracht um 1800

jetzt, als sie that, als müßte sie in Ohnmacht fallen!
Der Franzl fing sie gerade noch auf.

27. 5. 86
Ich denke immer noch an Laxenburg, wie das war:
Ich bin mit dem Franz unter der Weide gesessen,
am Teich. Die Sonne ist untergegangen, alles ist
langsam schön blau geworden. Die weißen Schwäne
sind vorbey gezogen. Sie haben die Flügel gestutzt,
damit sie nicht davonfliegen können.
»So stutzt man uns allen die Flügel«, hat der Franz
gesagt. »In zehn Jahren bin ich eyn Hofrat wie meyn
Vater. Und du bist eyne Doktorgemahlin.«
»Eyn Mädel kann sich's nicht aussuchen«, habe ich
gesagt.

Ich habe eyne Margaritte in der Hand gehalten. Der Franz hatte sie mir vorher gepflückt. Ich mußte schrecklich weinen. Die Tränen sind auf meyne Hand gefallen, die ich mir vorhielt. Der Franz hat sich vorgebeugt, meyne Hand genommen und ge-küßt, die Tränen weggeküßt. »Solche Margaritten«, hat er gesagt, »werden auf meynem Grab wachsen. Kommt die Frau Doktor aus Salzburg dann und gedenkt des tothen Schwächlings?«
Ich konnte nicht antworten. Denn der Franz hat meyne Hand sinken lassen und wie wild in seynen Taschen zu kramen angefangen. Ich dachte: jetzt zieht er eyn Messer und sticht uns beide toth. Denn wenn wir schon nicht miteynander leben dür-fen, weil wir so arm sind, dann soll uns wenigstens der Tod vereynigen. Unter den Margaritten am Grabhügel.
Und ich hatte gar keine Angst vorm Sterben!
Aber der Franz hat eyn Stückl Papier hervorgezogen und eynen Stift.
»Was machst du?« habe ich gefragt.
»Sey bitte still«, hat er gesagt. »Ich mache eyn Gedicht.«

30. 5. 86
Der Franz hat gestern eynen Vortrag über Australien gehalten. Die Maria Antonia hat nur geseufzt und ist an seynen Lippen gehangen, wie er erzählte, daß diese Küste von Eysen, öd und unfruchtbar, sich jetzt als neues Menschen-Paradies zeigt. Weil die Engländer ihre Strafgefangenen hinschicken und das mit den Eyngeborenen, die schwarz sind und ihre Körper mit Lehm und Asche bemalen, zum Guten bringen. Am besten hat mir gefallen, wie er von den australischen Viechern geredet hat.

So eyn Känguruh, das die Jungen in eyner Beutel-
tasche herumträgt, täte ich gerne sehen!
Die anwesenden Herren haben dann viel geredet.
Wie sie von Australien auf die Schminksitten der
feynen Damenwelt gekommen sind, weiß ich nicht.
Ich war in der Küche und habe Brot und kalten
Schweinsbraten geholt. Aber vielleicht kam's wegen
der Eingeborenen in Australien, die sich bemalen?
Die Damen am französischen Hof haben jetzt vor
lauter Schminken Hautschäden. Auf ihre Wim-
merln picken sie kleine Pflaster aus Seide und Papier,
die »mouches« heißen, auf deutsch »Fliegen«. Das
schaut dann sehr pikant aus, diese Krätzen-Vertu-
scherey. Ich habe lachen müssen darüber!
Ich habe auch lachen müssen, als der Graf Zapotocky vom »Salade á la Reine d'Espagne« erzählte:
eyn sehr erfrischender Damen-Salat, den der ver-
liebte spanische König für seyne Gemahlin bereiten
ließ: Allen Kavalieren zum Nachahmen empfohlen,
hat der Graf gesagt. »Oh«, hat die Maria Antonia
geseufzt, das falsche Stück. Der Salat für das, was
feyne Leuthe unter Liebe verstehn, geht so: Das
Grüne darin sind Smaragde, das Salz sind Perlen
und Diamanten, das Rot des Essigs machen Rubine,
das Gelb des Öles ... ja was? Topase? Ich war
schon wieder in der Küche!
Der Franz kam mir nach.
»Denkst du noch an Laxenburg?« fragte er.
Ich nickte.
Meyn Herz klopfte wie wild.
Er schaute mich mit seynen blauen Augen an.
»Anne Marie, ma très chère cousine«, sagte er.
»Das Gedicht ist so recht was Ungereimtes gewor-
den!«
Es liegt vor mir.

Ich sah Dich im Traum, Geliebte,
très chère cousine,
wie eyne Schildkröthe davon träumt,
daß eyne zarte Hand sie köpft –
DU BIST SO VOLL VON LEBEN,
daß ich Angst habe vor Dir.
Ich liebe Dich und fliehe
wie eyner, der weiß,
daß er den Kopf und seyne ewige Seligkeit
lassen müßte,
in Deinen Armen.

Ich konnte aber gar nichts sagen, weil der Franz
wieder zurückging in den Salon. Ich weine viel.
Die Maria Antonia hat sich auf den Grafen Zapo-
tocky gestürzt.
IN DIESER WELT WERDE ICH MICH NIE
ZURECHTFINDEN ...

12. 9. 86
Marie Louise heirathet vor Weihnachten. Maria
Antonia ist verlobt mit dem Grafen Zapotocky.
Der Franz schreibt eine römische Tragödie. Wer
wird sie aufführen?

10. 12. 86
Von der Pepperl Zozel bekam ich eynen lieben Brief.
»Annamirl«, schreibt sie, »wann kommst Du wieder
heim?«
Der Doktor Zozel unterschrieb mit »herzlichen Gruß
deren ergebener Quacksalber aus Saltzburg, Eckhart
Zozel«.
Die Pepperl hat mir auch das Krippenlied aufgeschrie-
ben, das die frommen Frauen von Nonnberg zu

Salzburger Bürgerin um 1800

Weihnachten singen. Der Franz wünscht sich's. Er
hat's in Wien nie in der Schule gelernt wie wir.
Ich könnt's aber nie so gut in der alten Schreibweis
schreiben wie die Pepperl! Ob's der Franz zu Weihnachten singen wird? Und mit wem? Es ist ja ein
Wechselgesang! Ich kriege solches Heimweh, wenn
ich das Lied vor mir sehe und an die Saltzburger
Kirchen denk.

> Joseph, liber Neve myn,
> hilf mir wygen myn Kindelin,
> daz got musse dyn Loner syn
> yn Himmelrich der meyde kint Maria.

> Gerne, liebe mueme min,
> ich hilfe dir wygen din Kindelin,
> daz got musse dyn Loner syn
> yn Himmelrich der meyde kint Maria.

3. 4. 87

Mein Vater hieß Cäsar August Zeisberger. Er war Segretaire am Obersten Gericht in Saltzburg. Meyner und Mutters Existenz hat er am 15. May 1769 dadurch ins Leyden gebracht, daß er zwey Menschenleben rettete. Er fiel eynem durchgegangenen Pferd in die Zügel. Dadurch kamen eyn Mädchen und eyn Knabe davon, die im Wagen saßen. Meyn Vater kam um.

Die Kinder waren auch ohne Vater. Es hat viel Dankbarkeit von ihrer Mutter für meyne Mutter gegeben. Aber sonst ist nichts auf uns gekommen als die Lage, in der wir seit damals sind und die ich beenden muß.

Es ist für morgen festgesetzt, daß ich heimfahre. Weil die Zeiten unsicher sind, wird mich der Franz begleiten. Natürlich fährt auch die Tante Amélie mit. Sie will Blomberg und den Mondsee wiedersehen, wo wir herstammen. Wie sie das letztemal dort war, hat sie in der Postkutschenstation dort eyne Maykäfersuppe gegessen. Die Tante sagt, so etwas Gutes gab es nie wieder, auch nicht auf den schwarzenbergischen Fürstentafeln und nicht bey Hof!

Kochbuch

für

Anna Maria Stainer.

—❦·✳·❦—

Ein Haushalts- und Wirtschaftsbuch sowie
einige Rathschläge für junge Frauen
der Pepperl zugeeignet
A. M. St.

Noch wichtiger als eyne gute Haushaltsführung
ist für eyne junge Ehefrau die Treue und Keusch-
heit in der christlichen Ehe mit dem Verzicht
auf die Sünde und jeden solchen Gedanken.

Einige praktische Hinweise.

-✣⊙-⅗⊙-✣-

Schöne braune Farbe für allerlei
Fleischspeisen und Saucen zu bereiten.

Manche Speisen schauen bläßlich drein, was die
Eßlust mindert. Damit sie einen schönen braunen
Ton bekommen, machst du diese Zuckerfarbe daran.
Du nimmst: 3 dkg Zucker, Wasser.
Thue den Zucker in ein Kupferpfandl auf ein Glutl.
Rühr fleißig, bis er braun wird, schütte $^1/_8$ l Wasser
hinein, zieh das Pfandl vom Feuer. Rühr weiter,
bis gut vermischt ist. Thue die braune Farbe in ein
Glas mit Verschluß. 1 Theelöffel davon färbt dir
$^1/_4$ l jeder Flüssigkeit, so daß sie schön ausschaut.
Eine andere Art, Flüssiges braun zu färben, ist die
mit Zwifln: Thue 1 oder 2 ganze Zwifln in heiße
Asche und laß sie braten. Schäl sie dann und wirf
sie hinein, wo du sie brauchst.

Wie du schlechte
– ranzige – Butter gut und brauchbar machst.

Oft sind die Milchgeschirre nicht so sauber gehalten,
wie es nöthig ist, auch wäscht nicht jeder, der
Butter macht, die Milch ordentlich aus. Es muß
dann die Butter noch einmal ausgewaschen werden,
was du so thuest: Knete sie mit starkem und reinem
Essig sorgsam durch, so lange, daß von diesem
nichts darin verbleibt. Noch wohlschmeckender wird
sie, wenn du dies machst: Salze die Butter nach, wie
es sich gehört, knete sie in saubere Steintöpfe hinein,
die du in den Keller stellst. Stich Süßholzstangen

hinein, die du drinnen läßt. Sie ziehen den letzten Rest von Ranzigkeit in 2–3 Wochen an sich, und die Butter schmeckt recht.

Über das Herausbacken.

Das geschieht am besten mit Schmalz. Für Fleisch nimm Schweineschmalz, für Mehlspeisen solches mit Rindsschmalz gemischt. Thue so viel in ein Kasserol, daß der Boden fingerdick bedeckt ist, wenn das Fett zergangen ist. Sehr rate ich dir zu einem Einsatz-Drahtkörbl mit Stiel, damit kannst du das Gebackene dann gut herausnehmen. Laß das Fett langsam heiß werden, rund um das Kasserol streu Asche auf den Herd. Diese fängt herausspritzendes Fett auf, das sonst ein Feuer entfachen könnte, wie das oft in Küchen geschieht.

Denn leicht springt ein Funke vom Herd ins Fett in das Kasserol, und dann fängt alles zu brennen an. So kam der Staats- und Konferenzrath Vinzenz von Lebzeltern ums Leben: er brannte mitsamt seinem Haus ab, weil die Köchin, ich glaube, sie hieß Magdalena Ratzenböck, beim Krapfenausbacken

keine Asche auf den Herd that! Auch war sie lang im Garten, zwischen dem Herausbacken, es soll ein Dragoner gewesen sein. Das war in Blomberg, wo die alte Linde am Mansee steht. Da es auch in St. Lorenz brannte, in dieser Nacht, die eine Neumondnacht war, und da geschieht oft viel, waren alle zum Feuerlöschen in St. Lorenz, wo auch eine alte Linde steht. Weil der Herr von Lebzeltern schon 81 war, merkte er das Feuer wahrscheinlich erst, als er schon thot war.

Thue also immer schön Aschen auf den Herd. Ja, richtig heiß ist das Backfett, wenn die Luft darüber zittrig wird. Dann kannst du die Fleischstückln oder die Mehlspeis einlegen, aber bleib dabey immer in der Kuchl!

Von Giften, die in der Küche vorkommen.

Das oberste Gebot in der Küche ist Reinlichkeit, aber diese erspart nicht das Denken, sowie Achtsamkeit. Und die Sparsamkeit, die eine hohe Tugend der Hausmütter ist, muß ihre Grenzen kennen! Fleisch und Milch von krankem Vieh, verdorbene Eyer, ranziger Speck und Schwämme, die man nicht genau kennt, dürfen nie auf den Tisch kommen!

Wegen der Schwämme: thue immer einen weißen Zwifl beym Kochen von Schwammgerichten dazu. Wird er schwarz, wie es beym Bäckermeister Patritius Kling geschah, wirf die Schwammerlspeyse mitsamt dem Kochgeschirr auf den Mist! Die Klingische Magd hat es nicht gethan, sie war auch erst 16 Jahre alt und eyne Augenweide für den alten Bäcker, er hätte sich eyne gesetzte Frauensperson fürs Haushalten nehmen sollen, doch so sind die Wittiber, und jetzt ist er toth.

Auch das Linsenklauben muß achtsam durchgeführt werden, weil schädliche Samen darinn seyn können.

Große Achtsamkeit erfordert auch die Petersilie im Gemüse- und Kräutergärtlein. Denn die Hundspetersilie, die in den Monathen July und August blüht und die ähnlich der Pastinak riecht, ist eyn giftiges Schierlinggewächs! Wer sorgsam schaut, erkennt, daß die echte Petersilie viel feynere Blätter und diese spitziger eyngeschnitten hat als das Giftzeug! Der kleine Schierling oder Gleis ist noch schwerer vom Peterl zu unterscheyden, du mußt an ihm riechen: er riecht nach nichts, wohingegen der Peterl nach Peterl riecht.

Auch auf den Mehlthau, der oft auf den Blättern liegt, mußt du achten: er kann der Gesundheit sehr abträglich seyn.

Wichtig ist es, die Küchenwände und die Decke fleißig tünchen zu lassen und schadhafte Stellen, insbesondere an der Decke, wieder auszubessern. Sonst kann es uns ergehen wie dem Fleischhauers-Sohn Lorenz Spathenhuber, den mein Eckhart wegen unerklärlicher Leibschmerzen behandelte. Da hat bei denen Spathuberischen niemand die Wände und die Decke ausgebessert.

In so lüderlichen Häusern fällt der Kalk vom Plafond herab ins Kochgeschirr, also achte immer auf den Plafond in der Küche und thue auch die Kochgeschirre gut zudecken, denn das beste Essen wird zu Gift, wenn eyner Kalkstückln mitspeist, wie der arme Lorenz Spathenhuber, der wahrscheinlich meinte, der Barbara sind die Nockerln an dem Tag zu hart ausgefallen. Sie war ja eyne schlechte Köchin und überhaupt eyn schlechtes Mentsch.

Zinngeschirr wird schädlich, da es manchmal weniger, manchmal mehr Arsenik enthält. Läßt du saure

Speysen: Salat, Eyer, oder fette Suppen und der-
gleichen auf Zinngefäßen stehen, kriegt der Zinn
schwarze oder blaue Flecken – wirf alles weg, es ist
Gift! Verwende in deiner Kuchl am besten irdenes
Geschirr, dem du bessere Dauerhaftigkeit dadurch
verschaffst, daß du es anfangs mit dem Pinsel mehr-
mals mit verdünntem Lehm bestreichest und, ist er
trocken, mehrere Male mit Leinöl darüberfährst.
Und wasche immer alles sorgfältigst sauber. Mit
Unsauberkeit im Eisengeschirr, sowie in Kupfer,
worin schlechte und habgierige Frauen über Nacht
die Speysen aufbewahren und dann noch groß ihre
Sparsamkeit verkünden, hat schon so mancher ver-
trauensselige Witwer seynen Lebensrest eingebüßt.
Doch nur vermeintlich macht eyne solche Erbschaft
die Witwe glücklich.

❧❀❀ ❧❀❀ ❧❀❀ ❧❀❀

Hohenwarter-Brief   1789

Anna Maria, ma très chère cousine,
oh, my Mary Anne!
Nun ist der Alltag wieder über mir, wie die Fischer-
boote überm Mansee. Aber im Geiste sitze ich noch
mit Ihnen, mit Dir, unter der Linde von Blomberg.
Du hast gesagt: wie kann die Linde so viele hundert
Jahre alt werden, da sie so nah am Wasser steht?
Bey Hochwasser muß sie ja immer wieder unter-
gehen. Die Linde von St. Lorenz hat es besser, die
steht weiter weg vom See.
Es ist vielleicht nicht so wichtig, wer es besser hat,
sondern wer stark ist. Sie, ma très chère cousine, oh,
Mary Anne, Du bist wie die Linde von Blomberg,
was bin ich? Weißt es Du?
Als Du schon weg warst mit der Kutsche, die Dich
nach Saltzburg brachte: Dein Gesicht im Fenster

und Deine Hand, die mir zuwinkte, werde ich nie vergessen, und würde ich so alt wie die Linde von Blomberg. Ich habe dann noch mit dem alten Fischer gesprochen, denn meine Kutsche kam viel später. Ich habe ihm unser Erstaunen erzählt und unser Vermeynen, daß beym Hintunterblicken in den See, der fast so klar war wie die Augen Anna Marias, es ausschaut, als läge da unten eyne versunkene Stadt. Der alte Mann lächelte vor sich hin. Die schöne junge Dame, meynte er, hat eynen sehr scharfen Blick. Sodann erzählte er mir, was die Fischer vom Mansee wissen, von dem gesagt wird, er heiße so, weil der Mann im Mond darinnen zur Ruhe ginge, nun, es ist eyne alte Sage. Es soll eyn versunkenes Dorf im See liegen. An gantz klaren Tagen im Winter, wenn der Wasserspiegel niedrig ist, kann man deutlich die Hölzer von den Häusern sehen. Versunken ist das Dorf, weil keiner mehr den anderen liebte.

Der Mondsee mit dem Schafberg

Manchmal kommen Thongefäße herauf und Werk-
zeuge, sowie Knochen und Scherben.
Wenn man nicht mehr weiß, was Liebe ist, versinkt
man, wie der Mann im Mond, der zwischen den
alten Häusern im See zur Ruhe geht. Aber er steht
dann wieder auf und thuet seine Pflicht. Dazu ist
der Mensch geboren worden. Mitunter gefällt mir
die gantze Schöpfung nicht, ma très chère Anne-
marie, und ich verachte mich mit meiner Schwäche.
Was wird aus mir, der sich selber nicht leiden kann?
Wo immer ich bin, bin ich ungern. Vielleicht sollte
ich zum versunkenen Dorf im Mansee hinunter-
tauchen?
Herzlichen Glückwunsch zur Vermählung, ist es im
July?

Franz

Wie du verschiedene Sachen
richtig und gutt machst.

Eine Einbrenn zu machen
und eine Einmach.

Um eine Suppen oder ein Gemüse ausgiebiger und
dicker zu machen, thuest du Einbrenn oder Einmach
hinzu. Dafür thuest du Butter, Schmalz oder eine
sonstige Fetten in ein Reindl, Mehl dazu, wenn die
Fetten zerlaufen ist, und rührst nun ständig, während
du zuerst kalte Suppe, dann heiße dazu gießest. Für
die Einmach laß das Mehl hell; für die Einbrenn muß
es gelb oder braun werden.

Erdäpfelmehl zu bereiten.

Nimm gute, mehlige Erdäpfel, schäl sie ab. Reib sie auf dem Reibeisen. Nun gieße frisches Wasser darüber und rühre gut auf, gieße es durch ein feines Sieb. Was im Sieb bleibt, brauchst du nicht wegzuwerfen, aus diesen gröbenen Rückständen kannst du für das Gesinde sättigende Knödel machen. Das Abgeseihte laß $\frac{1}{2}$ Stunde stehen, damit sich das Wasser gut vom Mehligen scheidet: dieses bleibt am Grund. Gieße nun das Wasser sorgsam weg und thue frisches Wasser zum mehligen Rückstand. Diesen Vorgang wiederhole sechsmal. Dann trockne, was geblieben ist, im Backrohr, reibe es fein. So gewinnst du bestes Erdäpfelmehl für die Küche, du kannst es aber auch für den Kopf verwenden, da es sich sehr gut als Haarpuder eignet, den zu kaufen dann unnöthig ist.

Schöne Semmelschnitten für die Suppen zu bereiten.

Auch das muß richtig gemacht werden, von dem jede glaubt, daß sie es von selber kann!
Du nimmst: Semmeln und Butter.
Du schneidest die Semmeln je nachdem, in Scheiben, Würfel oder halbfingerbreite Schnitten, halbfingerlang. Am schönsten schauen sie aber aus, wenn du Figuren aus ihnen schneidest, das ziert die Tafel!
Thue sie in zergangene frische Butter, laß sie unter fleißigem Rühren auf dem Feuer goldgelb werden. So ist es gut.

Wie du richtig mit Eyern die Saucen, Suppen und Frikassees legierest.

Die Speise muß schon fertig sein und vom Feuer genommen werden. Nun verrührst du mit etwas kaltem Wasser die Eyergelb, die sehr frisch sein müssen. Sodann thuest du etwas von der kochend heißen Flüssigkeit dazu, rührst weiter, thuest noch Heißes dazu und legierest nun unter weiterem Rühren die heiße Speise.

Wie du Rindsnierenfett richtig zubereitest.

Nimm nur ganz frisches und hartes Nierenfett, das du in Stücke schneidest. Übergieße es mit viel frischem Wasser, das du noch 1–2mal über die Nacht auswechselst, so lange muß es stehen. Nun gieße ab, thue das Fett fein hacken. Stell es auf ein Glutl mit 1 Löffelchen Salz und etwas Milch. Das Verhältnis ist so: auf $^1/_2$ kg* Fett nimm eine Kinder-trinkschale voll Milch. Laß Fett, Salz und Milch auf einem kleinen Glutl köcheln, rühr auch manch-mal um. Wenn das Fett ganz durchsichtig klar geworden ist, kannst du es vom Feuer nehmen und in Steintöpfl gießen, wo es sich gut hält.

Wie du gute Ganslfetten machst, die sich hält.

Von einer schönen Fettgans nimmst du die Fetten und legst sie über 1 Tag und 1 Nacht in frisches Wasser, das du 4mal wechseln mußt. Hernach schneide es in Würfel und stell's mit ganz wenig Salz auf ein lindes Glutl, wo es langsam dahin-schmelzen muß, während du oft rührest. Ist die Fetten durchsichtig klar geworden und die Würfeln darin sind hellblond, so ziehe es vom Feuer. Nimm einen Steintopf, seihe das Fett hinein und laß es eine Woche im Keller stehen. Die Grammelwürfel kannst du mit Brot zu essen geben. Ist die Woche um, hol das Fett wieder und nimm es aus dem Topf.

* 1 Pfund. Und entsprechend: $\frac{1}{4}$ kg = $\frac{1}{2}$ Pfund.

Was am Boden des Topfes ist, laß drinnen. Nun nimm feste, säuerliche Äpfel, schneide sie auseinander, thue die Kerne weg. Gib die Fetten und die Äpfel auf ein Glutl, koch alles fein, bis die Äpfel gar sind. Nun seih die Fetten wieder in den Topf, laß ihn bis in der Früh stehen. Gib eine Papierhaube darüber, die du gut zubindest und mit 1 Nadel durchstichst. So hat die Fetten Luft, wenn du sie in den Keller thuest, wo sie sich gut hält.

Ganslfetten mit Leber.

Dieses Kochgeheimnis, das bei uns keiner kennt, praktizieren die Juden. Ich weiß es von einer Dame, die mein Eckhart so viel zur Ader gelassen hat, daß sie ihn fragte, ob er sie töthen will? Hernach war sie aber wieder so fidel, daß sie uns zum Essen eingeladen hat. So verdanke ich ihr den Judenfisch, den du an anderer Stelle lesen kannst, sowie weitere Überraschungen und jetzt die Leber-Speise.

Je heller eine Gansleber ist, desto besser: die Juden mästen dafür die Gansln mit Nudeln, neuerer Zeit mit Erdäpfelnudeln. Will die Gans sie nicht fressen, stopft man sie ihr mit dem Kochlöffel hinein. Sie darf auch nicht herumgehen auf der Wiesen, muß ruhig im Stall stehen. Das macht die Fetten wohlschmeckend und die Leber groß und hell, so daß sie so zart ist wie sonst keine. Sie auf Pasteten oder andere Weise zu verwenden wäre wirklich schade.

Diese Fetten mußt du nicht lange auswässern, sie ist ja fein und zart wie Butter. Schneide sie in Würfel und stell sie mit ganz wenig Salz (die Juden thuen gar keines hinein) auf ein lindes Glutl. Thue die Leber hinein, wenn die Fetten zu schmelzen anfangt. Nun laß dahinschmelzen, rühr auch um.

Thue 1 Stückl Ingwer hinein und 1 Stückl Zimt, auch eine auseinandergeschnittene größere Zwifl-hälfte oder 1 kleinen Zwifl, geschält und mit einigen Nägln* besteckt. Wenn du umrührest, gib Acht, daß du die Leber nicht verletzest. Dreh sie in der halben Zeit sorgsam um, so daß sie von überallher gar wird.

Nimm sie dann heraus und seih die Fetten durch ein Sieb in den Steintopf. Thue die Leber hinein und stell den Topf in den Keller.

Verfahre mit der Fetten wie sonst: koch sie 1 zweites-mal auf mit Äpfeln, frischen Nägln, Zimt und Ingwer. Seih das über die Leber im Topf, binde zu und stell's in den Keller. Ein Festessen ist es, wenn du die frisch gebratene Leber gleich auf den Tisch bringst, die warme Fetten darüber gießest und mit dunklem Brot in einer Schüssel servierst. Es tunkt dann jeder seinen Fettenteil in seinem Teller mit dem Brot, ißt auch heruntergeschnittene Leber-stückln dazu.

Sonst läßt du die eingegossene Leber im Keller stehen, wo sie sich eine Weile hält. Bring sie im Topf herauf, teile auf die Teller das feste Fett und heruntergeschnittene Stückln der Leber. Das streicht man sich auf Brotschnitten, streut Salz darüber. Es soll aber keiner zuviel davon essen, weil diese vor-zügliche Mahlzeit sehr schwer für den Magen und die Galle ist, auch Fettleibigkeit erzeugt wie bei der jüdischen Dame, der mein Eckhart 10 Teller und mehr Bluth ausrinnen lassen hat müssen. (Für die erwachsenen Personen reiche auf jeden Fall zu dieser Mahlzeit klaren Obstbranntwein in nicht zu kleinen Mengen.)

* Nägl = Gewürznelken.

Krebsbutter zu bereiten.

Von gesottenen Krebsen dünste die Schalen, nachdem du sie fein gestoßen hast, in gleich schwer Butter. Ich meine, soviel Krebsschalen, soviel dkg Butter. (1 Krebs = 1 dkg* Butter). Wenn die Butter beym Dünsten die rote Farbe von den Schalen angenommen hat, thue eyn Löffel heißes Wasser dazu, rühr um. Hernach wird es durch eyn Leinentüchl oder durch's Sieb geseiht und an eynen kühlen Platz gestellt, bis du es verwendest. Scheint es dir nicht genug durchgeseiht, laß es nochmals warm werden und seih es zum zweiten Mal.

Wie du Senf bereitest.

Du nimmst: gelben und braunen Senfsamen in gleicher Menge, Zucker, Weinessig, Wein, allfalls Nelkenpfeffer oder Pfeffer allein.
Reibe die Senfsamen fein in einer Kaffeemühle, ist dir um eine leid, stoß sie im Mörser. Siebe fein durch. Wiege das Mehl ab: auf $^1/_4$ kg Senfmehl brauchst du etwa 3 dkg Zucker und, wenn du Nelkenpfeffer oder Pfeffer allein dabei haben willst, 1 Löffel davon. Den Zucker beträufle mit Weinessig, rühr ihn mitsamt dem Senfmehl dann mit dem Kochlöffel fleißig etwa $^1/_2$ Stunde. Stell das Gemisch dann zum Quellen 1 gute Stunde aparte, rühr vorher noch Nelkenpfeffer oder Pfefferkörner hinein, wenn du das magst. Thue sodann Wein dazu, nimm die Gewürze wieder heraus und füll den Senf in ein steinernes Töpfl, das gut zugemacht werden muß.
Möchtest du, daß der Senf stärker nach Pfeffer oder Nelkenpfeffer schmeckt, mußt du diese Gewürze auch im Mörser stoßen und dazu thun.

* 1 dkg = 10 g

Wie du Trüffeln herrichtest.

Leg sie 2 Tage in Wasser. Dann schäle sie ab, thue sie mit reichlich Wasser auf ein Glutl, laß schön kochen. Brat sie dann eine Weile in Butter. So sind sie für jede Sauce zu verwenden.

Brieftorso (vermutlich f.
Hohenwarter gedacht)   September 1789

Das mußt mir nicht vorhalten, so eyn saudummes Wort, die CURA VAGANDI*,
wenn eine verheirathete Frau wallfahrten geht, ist sie nicht wie eyn Kuchelmentsch, das Lust am Herumstreunen hat.
Es gehen 20.000 Leuth im Jahr wallfahrten, und ich hab' eynen ordentlichen Pilgerpaß gehabt, wie ich auf Altenöting gereist bin.
Dem Stupfeld von der Geheimen Kanzlei, der war dort Akzessist, hat das Wallfahrten nichts genützt. Ich habe ihn nicht gesehen, erst nachher hab' ich erfahren, daß er auf der gleichen Wallfahrt war.
Sie haben den Eckhart geholt, wie sie den Christoph von Stupfeld gefunden haben. Er hat Selbstmord verübt, »gantz aus freiem Willen und mit seinem Gewehr«, wie es amtlich heißt. Der Eckhart hat da auch nichts mehr machen können.

* CURA VAGANDI oder LIBIDO CURRENDI waren Ende des 18. Jahrhunderts gern verwendete Bezeichnungen für die Reiselust.

Was du über Kräuter wissen mußt.

-*❦❀❦*-

Kräuter zu trocknen oder in Öl aufzubewahren.

Die Kräuteln zum Trocknen am Haus aufzuhängen,
wie es die Leute in den heißen Ländern thuen, hat
in unserer Kälten wenig Sinn: mir hat es noch jeden
Lavendel und Salbey verregnet! Du machst es am
besten im Backrohr, bey offenem Türl und immer
wieder Umdrehen. Bis die Fingerprobe ergibt, daß
man alles gleichmäßig zerrebeln kann. Dann fülle
in saubere Glasel und schreib darauf, was darinn ist.
(Mach feyn jedes Kräutl für sich alleyn.)

Kräuterpulver zum Aufbewahren.

Es ist gut, wenn du für Saucen und Fleischspeisen
feines Kräuterpulver vorrätig hast!
Du nimmst: 1 Teil Rosmarin und Salbei, 4 Teile
Basilikum und Estragon, $^{1}/_{4}$ Teil Minze, wenn du
diesen Geschmack magst.
Trockne die Kräutln. Stoß sie dann im Mörser, siebe
gut durch. Thue das Pulver in ein Glas mit gut
passendem Deckel.

Kräuter in Öl.

Schneyde sie fein, thue sie in kleine Glasln und übergieße sie mit eynem Pflanzenöl nach deinem Geschmack, bis die Glasln ganz voll und ohne Luft-
blasen sind. In den Verschluß kannst du etwas
scharfen, starken Schnaps gießen und anzünden,

dann rasch zumachen. Bindest du nur mit eynem Leinentüchl zu, tränke es fest mit Schnaps, der hält rein.

Kräuterbutter zu bereiten.

Nimm Kerbel und Bertram, auch Melisse, sowie Peterl, auch Tripmadam paßt, laß die Kräutln kurz in gesalzenem Wasser kochen, thue sodann kaltes Wasser darüber. Drück sie aus und backe sie fein mit Scharlotten zusammen, die du aber roh verwendest. Nun rühr eyn Stückl Butter flaumig, thue die Kräutln dazu, schmeck mit Lemonysaft und weißem, frisch gestoßenem Pfeffer sowie noch etwas Salz ab. Diese Kräuterbutter hält, wenn du sie im kühlen Keller aufbewahrst, bis in den Winter und schmeckt immer gut.

Petersilbutter zu bereiten.

Im Sommer ist der Garten voll Petersilie, die du so für den Winter zu allerley Speisen richten kannst.
Du nimmst: Butter und feingehackten Peterl.
Laß die Butter schmelzen, bis sie zu kochen anfängt.
Thue eine schöne Menge gehackten Peterl hinein, rühr durch, füll's in ein Tongefäß und stell es dunkel und kühl auf.

Wie man die Finerb bereitet.*

Es heißt feine Kräuter, wird in der besseren Küche häufig verwendet. Du mischest dafür Peterl, Champignons und Scharlotten, fein geschnitten, und dünstest in Butter.

* fines herbes.

Gleich etwas über Kräuter in der Küche.

Wer ohne Kräuteln kocht, hat keine Ahnung von einer schönen Küche. Jetzt eynige Grund-Dinge: Rosmarin, den man bey uns viel zu wenig verwendet, macht aus jedem Fleisch eyn Feinschmeckeressen, wenn du es vorm Braten fest mit ihm einreibst. (Etwa 2 Eßlöffel auf 1 kg Fleisch). Rindfleisch, Schweinernes, Lamm – alles gewinnt. Die Hendln hendln nimmer, wenn du ihnen beim Braten Rosmarinzweigerln in den Leib hineinthust.
In eyn Gansl hinwiederum thue Salbey. Auch Leber und Lamm gewinnen durch Salbey.

Küchenmagd mit dem Fischkessel

Jeder Salat gewinnt, wenn du Kräuteln drüberstreust, feingehackt – probier aus, was dir am besten taugt, auch hast du durchs verschiedene Mischen immer Abwechslung beim Salat-Essen.

Wenn man über Kräuter zu reden anfängt, kann man gar nimmer aufhören, soviel ist darüber zu sagen. Ob man sie ißt, als Thee trinkt oder darin badet, weil sie heilsam sind. Ich möchte dir eyn eigenes Kräuterbüchl schreiben.

Kräuteressig zu bereiten.

Mach gleich mehr davon, damit du den ganzen Winter hast.

Nimm:

5 l guten Weinessig, je 1 Theeschale voll Triebspitzen und abgezupfte Blatterln von:

Basilikum, Borretsch, Pfefferminz, Pimpinelle, Estragon, Tripmadam,

je $1/_2$ Schale voll von:

Thymian, Körbelkraut, Rosmarin.

Thue die Blatterln und Triebspitzen in ein großes Gefäß, zwei würfelig geschnittene Zwifl dazu sowie 1 Eßlöffel weißen Pfeffer und 1 Theelöffel Nelken. Gieße den Weinessig darüber. Laß eyne Woche zugedeckt an der Sonne stehen. Nun röste 1–2 Eßlöffel Salz geblich, thue es dazu, lass 6 Wochen an der Sonne stehen. Nachher seihe es in Flaschen oder verschließbare Krüge.

Feinen Kräuteressig zu bereiten.

Zu verschiedenen pikanten Speisen ist Kräuteressig nützlich, den ums theure Geld zu kaufen unnöthig ist.

Du brauchst dafür:
gewöhnlichen Weinessig, etwa 1 l,
je eyne Handvoll Estragon, Zeller, Kerbelkraut,
Basilikum, Petersilie,
je $^1/_2$ Handvoll Fenigl (Fenchel), Melisse, Pimpinelle,
Zucker, 1 Lemony.
Thue die Stengel von den Kräutern, wiege diese
fein. Das Gelbe von der Lemony reib auf 1 Würfel-
zucker ab, schab diesen zusammen und thue ihn
über die Kräuter. Alles zusammen wird in 1 oder
2 Flaschen aufgetheilt und sodann so viel Weinessig
darüber gegossen, daß die Flaschen bis oben voll
sind. Nun verschließe gut und stell die Flaschen so,
daß Sonne an sie heran kann, so destilliert sich der
Kräuteressig. Nach einigen Wochen kannst du ihn
abgießen. Bewahre ihn in einem sauberen Glas oder
in Flaschen auf. So kannst du ihn immer verwenden.
Willst du ihn noch feiner, thue Pfefferkörner, Nägl
und ein Stücklein Ingwer dazu.

Eine andere Art, Kräuteressig zu bereiten.

Du nimmst:
guten Weinessig,
frische Blätter von Estragon, Lorbeerblätter, Nelkenpfeffer, Scharlotten.
Fülle eine Flasche mit dem Essig, thue die frischen
Estragonblätter so, wie du sie gepflückt hast, du
sollst sie nicht waschen, nur mit einem Tuch wischen,
in die Flasche. Verschließe sie gut und laß sie 2 Wochen an einem sonnigen Platz stehen. So ist der Essig
gut für Salate. Willst du einen zum Würzen von
Fleischgerichten haben, thue zum Kräutl noch die
Lorbeerblätter, den Nelkenpfeffer und eine Handvoll
(pro Flasche) geschälte, ganze Scharlotten.

Eynen Veilchenessig zu bereiten.

Dieser zartschmeckende Essig ist eyne angenehme Würzung in Saucen oder ragoutartigen Speysen. Wenn man Kopfweh hat oder an den Nerven leidet, trinkt man ihn zur Beruhigung.

Du machst ihn so: Für 1 Flasche voll Veilchenessig rechnest du 2–3 Hände voll duftender Veilchen. Thue die Stiele abzupfen, die Kopferln in die Flasche. Fülle mit dem Essig voll, stell die Flasche, gut verschlossen, zum Ofen oder an die Sonne auf ein Zeitl. Hernach seih durch ein Leinentüchl oder Fließpapier und thue ihn in die Flaschen zurück. Heb ihn, gut verschlossen, bis zur Verwendung auf.

Willst du ihn trinken: Auf 1 Gläschen Wasser kommt 1 Theelöfferl Veilchenessig und etwas Zucker.

Von denen Suppen.

Braune Kraftsuppe,
gut zum Aufgießen für Saucen geeignet.

Du nimmst:
Wurzelwerk (Zeller, Petersilie, 1 Zwifl, 1 gelbe Rübe),
von jedem gleich viel. Rohen Schinken ein Stückl,
eygroß Butter, nochmals Butter, Mehl, Salz.
Schneide das Wurzelwerk würfelig, auch den rohen
Schinken, thue alles zusammen in ein Casserol, in
dem schon Butter zerlaufen ist, und zwar das eygroße
Stück. Laß es miteinander schwitzen, rühr aber gut
um, damit es sich nicht anbrennt. Nun staube das
Mehl darüber, laß es unter Rühren braun werden.
Gieße mit brauner Grundsuppe auf, laß es gut aus-
kochen und ausschäumen. Wenn es 1–1^1/$_2$ Stunden
gekocht hat, seihe es durch ein Sieb, noch besser,
wenn du es zweimal durchseihst. Gieße die Kraft-
brühe in Gläser und hebe sie auf, bis du sie für eine
gute Sauce brauchst.

Eine braune Suppen.

Du nimmst:
ein rindenes Brätl (Rindsbraten, kann auch billigeres
Fleisch vom Rind sein),
Butter, Mehl,
Petersilie, Zeller*, Zwifl**,
Rindsuppe,
Gewürze, Salz.
Nimm ein rindenes Brätl, schneid's zu kleinen
Schnitzln, schmier ein Reindl mit Butter, staub Mehl
darauf, leg Petersilie und Zeller, zerschnitten, darauf,
hernach das Brätl und zerschnittenen Zwifl. Würze
es nach Geschmack, gib nochmals Mehl darüber.

* Sellerie.
** Zwiebel.

38

Nun setz es auf ein Glutl, laß hübsch dünsten, daß das Fleisch ganz braun wird, rühr es immerzu um, daß es sich nicht anbrennt. Hernach gieß eine Rindsuppen daran, laß sieden, daß das Fleisch ganz lind wird. Gieß es durch ein Sieb, thue es schön würzen, gib noch Butter daran und Salz, laß es noch einmal aufsieden. Kannst es mit Eygelben legieren, mußt aber nicht. Richt's auf gebähten Semmelschnitten an. So ist es gutt.

Brot-Suppe mit Citronen auf zwei Arten.

1. milde

2. säuerlicher

1. Bey manchem Essen kann man Maß und Gewicht nicht so genau bestimmen, vielmehr muß man es nach eigenem Geschmack machen. Nimm grobes Brot, reib es fein, etwa zwei Teller voll. In einem verzinnten Kasserol setzt du 1 Kanne Wasser mit $^1/_8$ kg ($^1/_4$ Pfund) frischer Butter zum Feuer, gibst von 3–4 Citronen die Schale abgerieben, Zimmt, Cardammon, Nelken und $^1/_8$ kg Zucker dazu. Dann wird das geriebene Brot unter beständigem Rühren nach und nach mit den Händen eingeschüttet. Wenn es mit dem nöthigen Salz abgeschmeckt ist, drückst du den Saft von den abgeriebenen Citronen dazu, läßt es noch eine Weile kochen und richtest es an. Auch kannst du diese milde Suppe mit so vielen Eydottern, als Personen essen, ablegieren. Für Gäste mußt du die Suppe vor dem Legieren und Anrichten durch ein Sieb laufen lassen, weil es nicht schicklich ist, in Gesellschaft die Nelken und den Zimmt auszuspucken.

2. Es gilt das gleiche wie bei der milden Suppen, nimmst grobes Brot, fein gerieben, 2 Teller voll. In

dem verzinnten Kasserol läßt du 5–10 dkg Räucher-
speck, fein geschnitten, anlaufen, gibst die abgeriebenen Schalen von 3–4 Citronen hinzu, Nelkenpfeffer,
etwa 5 dkg Zucker, rührst rasch um und gießt mit
1 Kanne Wasser auf. Läßt gut durchkochen mit
dem eingeschütteten geriebenen Brot, gibst auch
Senfkörner dazu, so du das magst. Wenn es mit dem
nöthigen Salz abgeschmeckt ist, drückst du den Saft
von den abgeriebenen Citronen dazu und verfährst
weiter wie oben.

Eine gutte Fischsuppen.

Du nimmst: 1 schönes Stück gebackenen oder
gebratenen Fisch,
etliche weiße Mandeln, geschält; Petersilie, Zwifl,
Zeller, Butter, Salz, Gewürze, eventuell Erbssuppen,
eventuell Champignons; gebähte Semmelschnitten.

Nimm den Fisch, lös ihn aus, thue ihn in den Mörser, thue die Mandelkerne dazu, Zeller, Zwifl und
Petersilie, alles untereinanderstoßen. Thue es hernach in ein Höferl, thue Wasser daran oder Erbssuppen, laß sieden, seih es durch ein Sieb, thue es
wiederum in ein Höferl, thue Butter daran, salzen
und würzen. Du kannst jetzt auch feingeschnittene
Champignons dazugeben. Über gebähten Semmelschnitten anrichten.

Tagebuchnotiz   Winter 1789

Meine Mutter hat mir nichts gesagt, und so habe
ich auch nichts gewußt. Der Eckhart sagt, daß kein
Mädchen etwas weiß. Wie ich gemeint habe, daß
ich der Pepperl etwas sagen muß, bevor sie heirathet, hat er geschwiegen.

Ein Mädchen glaubt, daß man die Kinder vom Küssen bekommt, nur die schlechten Mädeln kennen sich besser aus. Der Eckhart hat mich nicht viel geküßt, es war ja immer soviel zu thun mit dem Hauseinrichten und der ganzen Arbeit, und die Pepperl und der Schani waren krank, so habe ich bei ihnen geschlafen.

Ich bin wallfahrten gegangen, weil ich kein Kind bekommen habe und schon ein Jahr verheirathet war. Wie ich dann zurück war, hat der Eckhart endlich mit mir geredet.

Er hat solche Angst, daß auch ich im Kindbett sterben könnt' wie seine zwei früheren Frauen, die Karoline Jeanette beim 5. Kind, und die Tresel beim ersten. Deshalb hat er so lange kein drittes Mal geheirathet.

Weil er mich von klein auf kennt, sieht er jetzt noch mehr ein Kind in mir als eine Frau, und er liebt mich so sehr und hat solche Angst um mich.

Da habe ich diesen großen, gescheiten Mann in meine Arme genommen. Er war aber nicht lange überrascht, wieso ich plötzlich soviel wußte, und so sind wir kurz vor Weihnachten vielleicht ein Ehepaar geworden.

◦❀✿❀◦ ◦❀✿❀◦ ◦❀✿❀◦ ◦❀✿❀◦

Eyne gute Suppen von Fleisch.

Du nimmst: 1 Bein von einem Kalbsschlögl, 2–3 Zellerwurzen (Selleriewurzeln), Rindsuppe, 1 kleine Zwiebel, Lorbeerblätter, Lemonyschölerl*, Petersilie, Salz, etwas Mehl und Fett für eine dünne Einbrenn.

* Zitronenschalen.

Nimm von einem kälbernen Schlögel das Bein, laß ein wenig Fleisch an dem Bein, hack es zu kleinen Stückln. Salz es ein, leg es in ein Reindl, gib dazu Zwifl, Lorbeerblätter, Lemonyschölerl, Petersilie, röst es schön unter gutem Umrühren, daß die Suppen gut gebräunet wird. Wenn's genug geröstet ist, gieß Rindsuppen daran, laß ganz weich sieden. Seih es durch ein Sieb, nimm die Zellerwurzen, schneid sie blättrig, schön auswaschen, in ein Häfen geben, die durchgeseihte Suppen dazugeben, sieden lassen, bis der Zeller weich ist. Nimm ihn heraus. Nun mach eine dünne, braune Einbrenn, gieß mit der Suppen auf. Richt's an auf gebähten Semmelschnitten, leg den Zeller um und um darauf. Kannst auch gehackte Kräuter darüberstreuen. So ist es recht.

Gestoßene Fleischsuppen.

Dazu kannst du jeden Rest von gebratenem Geflügel, vom Haushuhn oder vom Wildgeflügel, verwenden. Auch von Kalbfleisch. Ich nenne dir nun eine Methode nach der anderen. Wie man die übrigen Fleischarten solcherart verwendet, mußt du dort nachlesen, wo darüber geschrieben steht.

1. vom gebratenen Hausgeflügel, vorerst vom Huhn.

Du nimmst: die abgelösten Bratstücke sowie die Knochen, Hühnersuppenreste, hast du diese nicht, nimm Wasser, dann mußt du aber besser würzen mit Muskathen und Safran, Wurzelwerk, Salz, Mehl, Butter, geröstete Weißbrot- oder Semmelschnitten.

Koche die Knochen in der Suppe (mit Wasserzugabe, wenn nöthig) mit Safran, Muskathen und dem

Wurzelwerk gut aus: stößt du vorher die Hühner-
knochen im Mörser fein, wird die Suppe kräftiger.
Das ebenfalls im Mörser gestoßene Fleisch dünste
ein wenig in Bratenfett, hast du keines, nimm Butter. Streue Mehl darüber, rühre durch. Gieße mit
der Knochen-Wurzel-Suppe auf, die du vorher durchgesiehen hast. Richte mit den gerösteten Weißbrot-
oder Semmelschnitten an.

2. von Kapaunbrustfleisch (Potage à la Reine).

Du nimmst: 1 Kapaunenbrust, 1 großen Löffel voll
weißer Mandeln, Semmelbrösel, das ganze Gerippe
des Kapauners, Salz, Muskathen, Eyerdotter.

Stoß die Kapaunerbrust, zusammen mit den abgezogenen Mandeln, recht fein, thue Semmelbrösel
dazu, stoße weiter. Das Gerippe koche in Salzwasser
gut aus. Füge das Gestoßene hinzu, koche weiter,
mit den Muskathen und noch etwas Salz, da mußt
du abschmecken. Legiere mit Eyerdottern, nachdem
du die Suppe durchgesiehen hast.

3. vom Kalbfleisch.

Du nimmst: Kalbfleischreste, roh oder gebraten,
auch gekocht, Champignons, es können auch Abfälle
sein, Kalbsknochen, Wurzeln, 1 Handvoll Reis, Butter,
Salz, Muskathen, allfalls Safran, Eyerdotter und
Lemonysaft und Schölerl.
Koch die vorher in Butter angebratenen Kalbsknochen mit den Wurzeln, den Champignons und
dem Reis in Salzwasser längere Zeit. Die Kalbfleischreste dünste ebenfalls in Butter und stoße sie dann
fein im Mörser. Gieße die durchgeseihte Suppe über

43

das zerstoßene Fleisch, das du in ein Kasserol gethan hast, würze mit Safran und Muskathen, koch nochmals auf und legiere mit den Eyerdottern. Ich füge gern Lemonyschölerl, fein gerieben, und Lemonysaft vorm Legieren in die Suppe dazu, doch hat da manche Köchin Angst, daß ihr das Eyergelb gerinnt.

4. vom Wildgeflügel (Potage au chasseur).

Du nimmst: beliebige Reste von den wilden Vögeln, ob Gans oder Ente, Fasan, Rebhuhn. Über die Schnepfen ist Eigenes zu sagen. Butter, Zwifl, andere Wurzeln, Salz, Pfeffer, Semmelschnitten, Muskathen, allfalls Wacholderbeeren.

Hast du Bruststücke, schneidest du sie kleinwürfelig oder länglich und legst sie derweilen zur Seite. Alles sonstige Fleisch samt Haut und Fett des Vogels wird im Mörser gestoßen und in Salzwasser mit Wurzeln, Muskathen und allfalls Wacholderbeeren $^{1}/_{2}$ Stunde ausgekocht. Die Vogelknochen zerschlage fein und koche sie mit in Butter gerösteten Semmelschnitten gut aus. Nun thue die zwei Brühen zusammen, seihe sie durch, gieße sie über die Brustfleischstücke, würze mit Salz nach und mit Pfeffer. Dazu reichst du in Butter geröstete Semmelwürfel. Machst du die Suppe aus Schnepfenresten, solltest du aus den Eingeweiden Schnepfendreck machen, der auf Semmelschnitten gestrichen wird. Lies über den Schnepfendreck an anderer Stelle nach.

5. Potage au chasseur (Jägersuppen) mit Kastanien.

Diese sehr einfach zu machende Suppe gilt als große Delikatesse.

Du nimmst: jeden Wildvogelrest, etwa 20 dkg gekochte, passierte Kastanien, Butter oder Bratenfett,
Zwifl, Champignons, Salz, Muskathen, Mehl, Semmelschnitten, auf Butter geröstet.
Hack die Wildgeflügelreste zusammen, bis auf die
Bruststücke: die würfle fein und leg aparte*. Das
Bratenfett oder den Butter laß heiß werden, staub
das Mehl darüber, rühr durch. Dann thue gehackten Zwifl und Champignons dazu, gib auch die
passierten Kastanien hinein und die Wildvogel-
reste. Koche lange. Hast du noch die Wildvogel-
gerippe, ist es besser, wenn du sie mit den Fleisch-
resten aparte auskochst und erst dann zum Gemisch
gibst. Würze mit Muskathen, seihe durch. Erst
jetzt gibst du die gewürfelten Bruststücke hinein
und trägst die Suppen mit in Butter gerösteten
Semmelschnitten auf.

6. *Potage au chasseur mit Linsen.*

Für die Chasseur-Suppen mit Linsen verfahre genau
so wie bei der mit Kastanien. Nur nimmst du statt
Kastanien Linsen.

Frühlingssuppe mit faschierten Gurken.

Du nimmst: eine schöne Gemüsesuppe für 4 Personen, vorher fertigzustellen, frischen Sauerampfer
und Kerbelkraut, etwa 25 dkg Faschiertes**, das du
gut würzest nach Gusto, 2 Gurken, etwas Butter,
1 zerquirlten Eydotter, etwas abgeschöpftes Suppenfett, 1 Handvoll Brösel.
Auf die schon fertige Gemüsesuppe streust du ge-

* a parte (ital.) = beiseite, extra.
** Hackfleisch.

45

hackten Sauerampfer und Kerbelkraut. Die Gurken schälen, querschneiden, mit dem Silberlöffel fein das Inwendige herausthun. In Salzwasser überkochen, auskühlen lassen. Mit dem gutgewürzten Faschierten füllen, mit Butter und Eydotter bestreichen, eine Handvoll Brösel darüber streuen und in der Rein mit abgeschöpftem Suppenfett dünsten. In die heiße Suppe legen und anrichten.

⋆⋆⋆ ⋆⋆⋆ ⋆⋆⋆ ⋆⋆⋆

Zettelnotiz   Sommer 1790

Die Mutter sagt, für eine verheirathete Frau, die ein Kind erwartet, gehört sich's, täglich um 7 in der Früh in die Hl. Dreyfaltigkeit zur Messe zu gehen.
Wenn ich in der Früh aber immer brechen muß!
Die Mutter sagt: »Die Gewohnheit ist eine eiserne Pfoad*.«
Die Pepperl sagt: »Speibst halt die Kirchen an.«
Ich glaub' nicht, daß ich mein eigenes Kind lieber haben werd' als die Pepperl.

⋆⋆⋆ ⋆⋆⋆ ⋆⋆⋆ ⋆⋆⋆

Gesundheits-Suppen aus Kalbskniebeugen.

Eine Kalbskniebeuge besteht aus den Kalbsknochen bis zum Gelenk, welche man vom Kalbsbraten abzutrennen hat.
Eine sparsame Köchin verwendet auch diese wertlosen Stücke. Du kannst auch andere Kalbsknochen dazu geben.

* Pfoad – Dialektwort für Hemd.

Du nimmst: 1 Kalbskniebeuge, Wurzelwerk, Salz, Muskathnuß und Muskathblüthe, beliebige Kräuter, allfalls Mehl und Butter.

Koche die zerhackte Kalbskniebeuge mit Wurzeln in Salzwasser, füge die Muskathen hinzu. Die Suppe schmeckt besser, wenn du in Butter angeschwitztes Mehl hinzufügst. Seihe durch und bestreue mit gehackten Kräutern nach Belieben.

Gesundheits-Suppen mit kleinen Knödeln und Champignons.

Du nimmst: beliebige Kalbsknochen, Butter, Mehl, Salz, Muskathen: Nuß oder Blüthe, Champignons, minderes Kalbfleisch oder die rohe Brust von einem alten Huhn, etwas Speck oder gutes Rindernierenfett, 1 in Milch eingeweichte und ausgedrückte Semmel, 2–3 Eyer, Kräuter, Milch oder Rahm, allfalls Mehl und Butter.

Koch die Kalbsknochen mit Wurzeln und Salz gut und lange aus, füge auch etwas Muskathen hinzu. Das Kalbfleisch oder die Hühnerbrust schabe indessen fein, vermenge es mit dem gehackten Speck oder dem Nierenfett. Nun thue die eingeweichte und gut ausgedrückte Semmel in ein Kasserol. Die Eyer hast du indessen geteilt: aus dem Eyerweiß schlage Schnee, die Dotter, etwas Butter und feine Kräuter thue zu dem Semmelfasch und rühr es auf einem linden Glutl wie Rühr-Ey ab. Ist es abgekühlet, gib Fleisch und Speck oder Nierenfetten dazu, thue alles in einen Mörser und stoße es fein. Nun würze mit Salz nach und Muskathen, thue auch den Eyerschnee hinzu und forme kleine Knödel, die du in kochendes Wasser sorgsam legst: erst eines, um zu sehen, ob der Fasch recht ist, nicht zu weich und nicht zu hart. Im 2. Fall gibst du noch

1 Löffel voll Milch, Rahm oder Suppe dazu, im
1. Fall Semmelbrösel. Ist es recht, kochst du in der
abgeseihten Suppen die Champignons weich, gibst
die Knödel dazu, allfalls noch Milch oder Rahm
und trägst auf mit gehackten Kräutern. (Willst du
eine festere Suppen, thue 1 Einmach aus Mehl und
Butter hinzu.)

Gesundheitssuppen mit Markknochen und verlorenen Eyern.

Du nimmst: 1 Kapaun oder 1 schönes Huhn,
1 schönen Markknochen, durchgesägt in der Mitten,
Wurzelwerk reichlich, 8–10 Eyer, je nach Personenanzahl: es soll jeder 1–2 Eyer bekommen. Salz, eine
Theetasse voll Essig, Muskathblüthe, geröstetes
Weißbrot oder Semmelschnitten, allfalls gehackten
Schnittlauch und andere Kräuter.
Koch den gereinigten Kapaun oder das Huhn in
einem großen Topf mit dem Wurzelwerk 1 Stunde,
dann lege den Markknochen hinein, ja, zu salzen
darfst du nicht vergessen, und koche 1 weitere
Stunde, bis das Fleisch eben weich ist. Indessen
koche reichlich Wasser mit dem Essig auf. Ins
kochende Wasser schlägst du nacheinander die Eyer,
laß sie nicht länger darin, als bis sie wieder in die
Höhe heraufgeschwommen sind. Dann lege sie in
kaltes Wasser, schneide hernach sauber das Ge-
franzelte weg. In eine schöne große Suppenschüssel
lege die zerteilten Kapaunerstücke und die Eyer
rund um den Markknochen, gieße die Suppe, die
du noch mit Salz und Muskathblüthe abschmeckst,
darüber und richte sie mit einem Teller aparte voll
geröstetem Weißbrot oder Semmelschnitten an.
Ein Schüsselchen mit den gehackten Kräutern stelle
ebenfalls dazu, oder streue sie gleich über die Suppen.

Braune Grundsuppe.

Du nimmst: etwa $^1/_2$ kg mageres Rindfleisch, es kann auch von einem alten Ochsen sein, Speck oder Rindsfetten, auch Abschöpffetten, Wurzelwerk wie gelbe Rüben, Zeller und Petersilie, 1 Zwifl, einige Kohlblätter, Leber, Kalbfleischabfälle, andere Braten- reste, Rindsknochen, Salz, allfalls Eyerweiß, Pfeffer. Schneide Fleisch und Speck (oder Rindsfetten) blättrig, thue sie in ein Kasserol, das Fette unten. Auf das Fleisch lege die in gröbliche Scheiben ge- schnittenen Wurzeln, salze, laß fein anbraten, bis alle Feuchtigkeit sich verzehret hat und das Kochgut braun geworden ist, aber freilich ohne anzubrennen! Weshalb du schon fleißig rühren mußt. Nun gieße mit Wasser auf, kannst auch Bratenknochen jeg- licher Art, auch vom Geflügel, dazugeben, also alles, was du an Bratenresten im Hause hast, sowie die Kalbfleischreste. Laß alles 3 Stunden gut kochen, gib zwischendurch nochmals frisches Wurzelwerk hinzu sowie den Pfeffer. Nun seihe durch, fette ab, am besten am nächsten Tag, da ist das Fett auf der Suppe steif geworden, und du kannst es leicht herunternehmen. Es ist für allerlei Gemüsespeisen und anderes zu verwenden. Wenn dir die braune Suppe nicht klar genug ist, seihe sie nochmals, und zwar durch ein Tuch, gib sie mit Eyerklar auf den Herd und sprudle die Suppe mit dem Eyerklar, bis sie aufkocht. Dann stell sie weg und laß sie ruhig, bis sich der Eyerschaum abgesetzt hat. Nun kannst du sie nochmals seihen. So ist es dann gutt.

Helle Grundsuppe,

die auch gut für Kranke geeignet ist, die kräftigende Nahrung zu sich nehmen sollen.

Du nimmst: 1 altes Huhn, beliebiges Rindfleisch minderer Art, etwa soviel in Gewicht wie das Huhn, viel Wurzelwerk, Salz, allfalls Safran, der schöne Farbe macht.

Setze Rindfleisch und Huhn mit kaltem Wasser zu, so kocht es sich sehr schön aus, gib das Wurzelwerk und das Salz dazu, koche einige Stunden. Thue den Safran in der halben Zeit dazu, seihe durch, und es ist gutt.

Suppe von viel grünen Kräutern.

Nimmst Spinat, Schnittlauch, Pimpinelle, Körbel, Sauerampfer, Gundermann, Poreezwiebel, Tripmadam und einige Blätter Estragon. Alles putzen, waschen und schnell überbrühen, sondann fein wiegen. In Butter kurz schmoren, hierauf 1 Löffel Mehl hinzu und alles miteinander schön schwitzen lassen. Dann mit Fleischsuppe aufgießen und nicht länger als $^1/_4$ Stunde kochen lassen, sonst verliert die Suppe ihre schöne Farbe, und du hast sie schwarz statt grün. Da kannst dir aber noch immer helfen, wenn du viel frischen Schnittlauch hackst und darübergibst, auch Sauerampfer.

Die Suppe wird über gerösteten Semmelwürfeln und anderen Einlagen nach Lust angerichtet: aparte gekochter Spargel, Karfiol, kleine Semmelknödelchen, verlorene Eyer. Du kannst auch Taubenmägelchen, in Citronensaft gedünstet, hineingeben, auch die Suppe mit Dottern legieren.

Eine gutte Suppen von einem Kapaunen (oder kölbern Schlögl).

Du nimmst: einen Kapauner (er sey gebratten oder gesotten) oder einen kölbern Schlögl (gebratten oder gesotten), 1 Handvoll Oxenmark, 1 Semmel, Rind-

Das St.-Johannes-Spital in Salzburg um 1800

suppen oder Hendlsuppen, Gewürtze, Nägl, Muskatblüh, 2 Löffel kleine Cappern, 1 Löffel voll aus-
geklaubten Weinbeer, 2 Löffel Rahm, 1 Stückl
frischen Butter, gebähte Semmelschnitten.

Nimm den Kapaunen (oder Schlögl), löse das
Fleisch vom Knochen rundherum schön ab. Hacke
es klein, auch eine Handvoll Oxenmark darunter.
Weiche die Semmel in Wasser, drück sie gut aus,
hack sie darunter. Nun thue alles in ein Höferl, gieß
Hendl – oder Rindsuppe – daran, laß sieden.
Gewürtze mit Näglein, Muskatblüh, Cappern, verlesenen und gewaschenen Weinbeerln, Rahm, Butter.
Laß es untereinander sieden. Bäh die Semmelschnitten und richt die Suppen mitsamt dem Gehackten darin über den Schnitten an.

Eine Krebssuppen.

Du nimmst: etwa 20 kleine Krebse, Butter, Mehl,
Zeller, Petersilie, vielleicht auch andere Gemüse,
Erbsensuppe, Salz, Gewürze, gebähte Semmel-
schnitten, allfalls Spargel und Morcheln.

Koch etwa 20 kleine Krebse, löse das Fleisch der Scheren und Schweife aus, schneide es würfelig, die Galle thue fort, das übrige Krebsfleisch stoße schön im Mörser, thue es mit Butter in ein Kasserol, dünste, bis die Butter rot ist, staube Mehl darüber, vielleicht 2 Löffel voll, rühr wieder, gib Zeller und Petersil, klein geschnitten, dazu, auch andere Gemüse, wenn du magst, gieß mit Erbsensuppe auf. Laß gut kochen, salze, würze, gieß durch ein Sieb. Richt's über dem gewürfelten Scheren- und Schweiffleisch der Krebse und den gebähten Semmelschnitten an. Du kannst auch Spargel und Morcheln hineinthun sowie noch ein Stück Butter. So ist es gutt.

Zettelnotiz   November 1790

Taufessen für eyn Novemberkind

Naschkuchen von jungen Tauben,
Pasteten von Wildpret mit Trüffelsauce,
Indian mit Krebssenf und kälbernes Brüstl,
Boeuf à la mode mit Serviettenknödel,
Spanische Winde ⎱
Veilchen-Sulze ⎰ für Damen,
Käsetorte für Herren,
Birnen, Nüsse, Kaffee, Danziger Goldwasser und andere Likören.

Als Beylagen Butternudeln und Reis, Salate, Zukkergurken und Preisselbeeren. Zum Kaffee Dorten und feynes Backwerk.
Zum Trinken für den Anfang eynen Bauernschnaps, zum Braten Veldtliner und Kalterer, zum Nach-

tisch Champagner, der ja zum Taufen dazugehört,
und einen Malvasier. Damit die Köpfe nicht zu
schwer werden, soll stets kaltes Wasser vorhanden seyn.
Karl Franz Xaveri heißt er, meyn Sohn, geboren am
17. 11. 1790. Schwarzhaaret ist er, und wir sind alle
Weißschädeln. Dem Eckhart macht's nichts. Das
wachst sich wieder aus, sagt er, denn eynen echten
Schwarzhaareten bringen wir nicht zusammen.
Schad.
Beym Taufessen bin ich in den Erdboden versunken,
weil der Indian innen blutig war, sowie der Naschkuchen speckig. Man darf die Küchenmentscher
wirklich nie allein lassen. Aber ich war soviel beym
Schani, den die Pepperl pflegt. Es sind gantz gewiß
nicht die Blattern, sagt Eckhart, die grad wieder umgehen.

❈❖❈ ❈❖❈ ❈❖❈ ❈❖❈

Petersburger Suppen, auch Zarin-Suppen genannt.

Es heißt, daß die russische Kaiserin Katharina diese
kräftige Suppen zum Frühstück nimmt. Es heißt,
daß sie dazu mehrere Gläser Wodka trinkt und
Kaviar zubeißt. Du mußt aber nicht auf das Gerede
über die Zarin hören, Köchinnen sind nicht zum
Ratschen da. Warum die erlauchte Dame morgens
so schwach ist, daß sie zum Schnapsglas greift und
die grauschwarzen Fischeier verspeist, geht uns
nichts an. Es geht uns auch nichts an, ob wir mit
Rußland Krieg haben, haben wir einen? Politik ist
Männersache, Kriege sind es auch. Diese Suppen
ist eine Männersuppen, wenn du Wacholderschnaps
dazu reichst, wirst du viel Erfolg haben. Mein
Eckhart mag sie nicht.

Du nimmst: 1 kleine Henne oder die Hälfte einer großen, $^1/_2$ kg Rindfleisch, 1 kleinen Krautkopf, 1 Kohlkopf, auf 2 Teile zerschnitten, Butter, Mehl, $^1/_4$ kg Schinken, braune Grundsuppe, Salz, Pfeffer, 4 Löffel Rahm.

Die Henne, das Rindfleisch, den Krautkopf und den $^1/_2$ Kohlkopf läßt du in Salzwasser sieden. Den anderen $^1/_2$ Kohlkopf schneidest du nudelig, dünstest ihn in Butter blond, staubst ihn mit 1 Löffel Mehl und gießest mit brauner Grundsuppe auf. Nun zerschneide artig das Fleisch von Henne und Rind, gib den blättrig geschnittenen Schinken dazu, gieße beide Suppen durch ein Sieb darüber, salze nach und pfeffere. Laß noch einkochen und gib die 4 Löffel Rahm dazu. Die Suppen ist sehr gut, doch ohne jede Zauberei, die kommt erst vom Schnaps, doch den sollen Köchinnen niemals selber trinken.

Falsche Schildkrötensuppe für ein besseres Essen (etwa 18 Personen).

Nimm etwa 3 Liter gute Bouillon und koche darin 4 Kalbsfüße und einen sauber geputzten Kalbskopf weich. Nun nimm 5 Krammetsvögel*, hast du diese nicht, ein Rebhuhn, brate es in Butter mit Zwiebeln und Wacholderbeeren und zerstoße es im Mörser fein. Füge es zur Suppe, ebenso $^1/_2$ kg mageren rohen Schinken und 1 Ente, koche alles, bis es weich ist. In eine große Terrine gibst du nun die schön geschnittenen Stücke von Schinken, Kalbskopf, Füßen und Ente. Aparte schmorst du in einem Kasserol in Butter Wurzelwerk mit Zwiebeln und Kräutern wie Basilikum, Estragon, Körbel, Peter-

* Wacholderdrossel.

54

silie, Thymian, würzest schön mit Ingwer, Muskat-
blüthe, Salz und weißem Pfeffer, gibst es zur Suppe,
läßt es noch eine Weile gut kochen. Dann läßt du die
Suppe durch ein Sieb laufen, gießt etwa $^1/_2$ Liter
Madeira dazu und gießt in die Terrine, wo schon das
Fleisch ist. Du kannst auch Schnitten von feiner
Kalbsbratwurst in die Suppen geben, auch kleine
Kalbfleisch-Knödel.

2 Suppeneinlagen zu bereiten.

Eingetropftes.

Jede meint, sie kann diese verbreitete Suppeneinlage.
Aber weiß sie es genau?
Du nimmst: pro Ey 1 Eßlöffel Mehl, Salz, eyn
Höferl mit eynem Schnabel vorne!
In das Schnabelhöferl thue Mehl, Salz und Eyer,
das Verhältnis ist 1 Eßlöffel Mehl auf 1 Ey. Schlag
gut mit dem Kochlöffel den Teig, so daß er dick-
flüssig ist. Nun stell das Höferl weg und thue für
$^1/_4$ Stunde etwas anderes, denn der Teig muß sich
festigen. Sodann läßt du die Suppe aufsieden, in
die du eintropfen willst. Nun halte das Höferl über
die kochende Suppe, das mußt du höher thuen,
sonst verbrennst du dir den Unterarm, es soll auch
der Teig so schön und gleichmäßig rinnen. Thue das
Höferl über der Suppe hin und her, so wird das
Eingetropfte, das beim Schnabel hinunterrinnt, zu
langen Nudeln. Nun ist die Suppe oben ganz voll
mit Nudeln. Was machst du da, wenn du noch Teig
hast? Thue die Nudeln herausfangen, und zwar mit
eynem Sieb oder dem Backlöffel, leg sie in die
Suppenschüssel, die du auftragen wirst. Nun tropfe
wieder ein, nimm wieder heraus, bis du keinen Ein-

tropfteig mehr hast. Gieße die Suppe, die ganz heiß sein muß, in die Schüssel. Thue gehackten Schnittlauch oder Peterl darüber. So ist es gutt.

Geriebenes Gerstl.

Du nimmst: auf 1 Ey etwa 2 Deziliter Mehl, etwas Salz, Wasser. Willst du das Gerstel sehr fein haben, nimm nur Eyerdotter.

Thue das Mehl auf das Nudelbrett, salze es, mach eyne Grube mitten im Mehl, thue in diese das Ey oder die Dotter und eyn Theelöffelchen höchstens Wasser. Mit eynem Messer thuest du dann mit dem Ey so im Mehl hin und her, daß es sich verbindet. Wenn es so weit ist, daß du es mit der Hand kneten kannst, ist der Gerstelteig recht, den du jetzt fleißig kneten mußt. Streu noch Mehl aufs Nudelbrett und knete so lange, bis der Teig nichts mehr dazunimmt. Nun lasse ihn eyne Weile trocknen, da kannst du ihn besser auf dem Reibeisen reiben. Thue es sodann, leg das geriebene Gerstl schön auf, damit es trocknen kann. Wenn es trocken ist, kannst du es aufbewahren oder gleich in der Suppe kochen.

Fisch zu bereiten.

Ein Fisch-Pastet mit Schuppen und Flossen von Mar... dem taig gemacht.

57

Gebratener Aal.

Du nimmst: 1 schönen Aal, Salz, frische Salbeiblätter,
Butter, Lemonyschnitzel.
Thue den frischen Aal abziehen, putz ihn sauber,
schneid ihn in mundliche Stückln, reib sie mit Salz
ein, umwickle sie mit frischen Salbeiblättern, binde
sie zart und leg sie in die Pfanne mit Butter. Brate
schön auf allen Seiten. Du kannst ihn mit den Blättern
oder ohne diese auftragen, auf einer vorgewärmten
Schüssel, denn er muß heiß zu Tisch kommen. Die
Lemonyschnitzel leg schön im Kreis herum. Dazu
passen sehr gut junge Erdäpfel und frischer grüner
Salat.

Aal in pikanter Sauce mit Blätterteigrand.

Du nimmst: 1 schönen Aal, etwa 2 kg schwer,
1 Eßlöffel Mehl, 6 dkg Butter, helle Grundsuppe
oder andere helle Fleischsuppe, Lemonyscheiben
ohne Schale und Kerne, 1 Lorbeerblatt, Weißwein
oder Madeira, Morcheln, Cappern oder Champignons, Salz, 2 Eyerdotter, einen gebackenen Rand
von Blätterteig.
Thue den Aal abziehen, putzen, in mundliche
Stückln schneiden, salzen, dann wasch ihn wieder
leicht ab. Die Butter laß in einem Kasserol warm
werden, gib das Mehl dazu und röste über dem
Feuer schön gelb. Gieß mit der Suppe auf, gib die
Lemonyscheiben, das Lorbeerblatt und den Wein
dazu, salze lind. In dieser Sauce wird der Aal sanft
gekocht. Wenn er gar ist, nimm ihn heraus und
richte auf vorgewärmter Schüssel an. In die Sauce
thue die Morcheln, die Cappern oder Champignons,
koch kurz auf und legiere dann mit den Eyerdottern.
Gieß die Sauce über den Aal in der Schüssel, welche

du mit einem Rand von gebackenem Blätterteig
verzierest.

Wie du den Aal fein marinierst.

(So hält er sich lange und gibt ein schmackhaftes
Voressen für unerwartete Gäste.)
Du nimmst: 1 schönen Aal, etwa 2 kg schwer, feines
reines Öl, Scharlotten, Muskathblüthe, Lemonyscheiben, 3 Lorbeerblätter, Pfefferkörner, Essig.
Richte den Aal auf die übliche Art her, leg ihn
1 Stunde in Wasser, salz ihn ein, laß ihn wieder
1 Stunde liegen. Nun schneide ihn in mundliche
Stücke, die du mit einem reinen Tuch trocken-
wischest. In einer Pfanne mach das Öl heiß, lege
die Stücke hinein und brate sie schön auf beiden
Seiten. Leg die Stücke auf Löschpapier zum Auskühlen. Die Lemonyscheiben, Pfefferkörner, Lorbeerblätter, Muskathen und die Scharlotten thue
in die Pfanne mit dem Öl, gib gleich viel Wasser
und Essig hinzu (es muß so viel Flüssigkeit sein, daß
die Aalstücke im Topf dann ganz bedeckt sind) und
laß es $^1/_4$ Stunde lind kochen. Die Marinade muß
gut abgekühlt sein, wenn du sie über die Aalstücke
gießest, die du in einem steinernen Topf rangiert
hast. Binde den Topf zu und stell ihn kühl und
dunkel auf.

Aal als Auster in der Muschel.

Du nimmst: 1 schönen, frischen Aal, Butter, Mehl,
helle Grundsuppe, Sardellenbutter, Semmelbrösel,
feines Öl, Lemonysaft, ganz wenig Salz.
Häute den Aal, putze und zerschneide ihn in kleine
Stückln. Das Mehl laß im Butter anlaufen, gieße
mit der Suppe auf, thue die Aalstücke hinein, salze

wenig, und koche sie weich. Leere Austernschalen, die du immer haben sollst, wasche rein, schmier sie mit Sardellenbutter gut ein, thue in jede Schale ein Aalstückl und feine Semmelbrösel darüber, träufle Lemonysaft und Öltropfen darauf. Backe diese sehr guten falschen Austern etwa 10 Minuten im warmen, aber nicht heißen Rohr. Trag sie in einer Schüssel auf, in die du eine Serviette gebreitet hast.

Dreierlei Arten Hecht.

Du nimmst: 1 Hecht oder ähnlichen Fisch, 1 kg schwer, Speck zum Spicken, Mehl, Cappernsauce, Bouillon, Krebsschwänze, feingestoßene Sardellen, Butter, Krebsbutter, Eyer, Petersil, Lemonysaft, Zwifl, Salz, Pfefferkörner, Lorbeerblätter.
Wer so mag, spickt den Hecht auf beiden Seiten mit feingeschnittenem Speck und streut Salz darüber. Wer nicht spicken mag, steckt den gesalzenen Fisch nur so auf den Spieß, schmiert ihn mit Butter und bestreut ihn mit Mehl, so läßt man ihn braten.
Es paßt dazu: Cappernsauce mit feingestoßenen Sardellen und nicht zu wenig Lemonysaft, die du in vorgewärmter Schüssel anrichtest.
Oder du kochst Eyer hart, hackst das Gelbe und das Weiße, jedes extra, hackst auch Petersil fein, stellst es in drei Schüsselchen auf den Tisch und dazu ein viertes mit heißer Sardellenbutter.
Oder du machst Butter heiß, rührst einen Löffel Mehl hinein, gießt $^1/_4$ l kräftige Bouillon hinzu. Gibst aber vorher gedünstete Champignons, Krebsschwänze, Krebsbutter und reichlich Lemonysaft dazu, rührst fleißig, dazu gibst du 5 in Bouillon versprudelte Eydotter. Weiter rühren, nicht mehr kochen lassen!

Zu dieser Sauce kannst du den Hecht auch in Essigwasser mit Zwifl, Petersilienwurzel, Pfefferkörnern,
2 Lorbeerblättern und Salz auf dem Herd kochen,
bis er gar ist, und ihn mit der Sauce übergossen zu
Tisch bringen. So ist es gutt.

-ꞏ✦𝕊✦ꞏ- -ꞏ✦𝕊✦ꞏ- -ꞏ✦𝕊✦ꞏ- -ꞏ✦𝕊✦ꞏ-

Tagebuchnotiz   Februar 1791

Die Maresquelle, Tänzerin beim Schikaneder, rennt
daheim auch im tafenen Salup* herum und hat eine
Negligé-Hauben auf, damit sie sich nicht frisieren
muß, die große Schönheit!
Ecklein hat ihr ein Tränkel verschrieben, daß sie
endlich wieder sch . . . kann, was frißt sie auch soviel
Zuckerwerk und nichts wie auf den Bällen und den
Reduten!
Vom Schikaneder, den der Eckhart wegen Asthma
auch behandelt und den die halbfranzösische Mam-
sel wie einen Schuhfetzen traktiert, können wir immer
Karten haben.
Ich war zweymal beim Ballet. »Der betrunkene
Bauer« habe ich gesehen und »Der ungarische Zwifel-
krämmer«. Auch ein Concert im Rathaus-Saal
haben wir gehört.
Die Maresquelle, bey der allen Männern die Augen
herausfallen, schau' ich mir nicht an.

-ꞏ✦𝕊✦ꞏ- -ꞏ✦𝕊✦ꞏ- -ꞏ✦𝕊✦ꞏ- -ꞏ✦𝕊✦ꞏ-

* tafener Salup – eine Art Hauskleid aus Taft.

Einen andern Hecht zu bereiten.

Nimm: 1 Hecht (oder ähnlichen Fisch), 1 kg schwer, $^1/_4$ l Rahm, etwa $^1/_8$ kg Butter, 2 Eydotter, so du magst, Mehl, Lemonyschölerl, Petersil, feingehackt, eine Handvoll feingestoßene Mandeln, geriebene Muskathen, Salz.

Den Hecht in schöne Stücke zerteilen, salzen, leicht in geschmolzener Butter wenden, sodann braten. In einer Schüssel warm stellen.

In einer Rein Butter zergehen lassen, Rahm mit etwas Mehl versprudeln und in die Butter gießen, auf dem Feuer rühren, bis es aufwallet. Die Mandeln und die Lemonyschölerl dazugeben, die Muskatnuß ebenso. Wer die Sauce feiner haben will, legiert mit 2 Eydottern. Ist die Sauce zu dick, kannst du mit Bouillon oder Milch verdünnen. Wer mag, gießt die Sauce über den Fisch, wer sie lieber extra hat, hat sie in einem Schüsselchen. Vor dem Anrichten mit Petersil bestreuen. Sie darf dann aber nicht mehr kochen. So ist es gutt.

Judenfisch.

Diese sehr wohlschmeckende Karpfen-Speise stammt aus der jüdischen Küche, wo man es an Fastentagen bereitet. Die Juden essen dann sonst nichts, für uns ist es eine gute Vorspeise, die mit Sardellensauce aufgetragen wird.

Du nimmst: einen Karpfen, mittelgroß, Semmelbrösel, in Streifen geschnittene Sardellen, Butter, Rahm, Obers, 1 in Milch erweichte und ausgedrückte Semmel, 3 Eyerdotter, 1 Löffel Rahm, Salz, feine Kräuter, gehackt.

Das ausgelöste Karpfenfleisch stoße im Mörser, gib reichlich Butter dazu (es soll an Gewicht die Hälfte des Fischfleisches sein, doch ich nehme weniger, da es sonsten zu geil ist), sodann die gut ausgedrückte Semmel, die 3 Eyerdotter, den Löffel Rahm, Salz und die gehackten Kräuter. Das gut Vermengte thue auf ein Arbeitsbrett, das du mit Bröseln bestreut hast, und forme eine schöne Wurst darauf. Bestreiche ein Pergamentpapier mit Butter, thue die Wurst darauf, die du mit den Sardellenstreifen spickst, wie man einen Braten spickt, schön in Reihen. Thue das Pergament mit der gespickten Wurst in eine Bratpfanne, in der schon Butter ist, begieße beim Braten mit Butter und später mit Rahm. Als Beylage mach eyne gute Sardellensauce mit Rahm und allfalls Salzkartoffeln.

Gebratene Neunaugen.

Diese zarten Fische werden nicht gehäutet, nur da und dort nach dem Ausnehmen und Zurichten eyngeschnitten. Dareyn steckst du frische Salbeiblätter. Salz eyn wenig und brate sie in Butter und Öl.

Die Matelote, ein Fisch-Ragout aus Frankreich.

Du nimmst: allerlei süße Fische, am wichtigsten sind Aal und Karpfen, sodann, was du bekommen kannst, Mehl, Butter, Salz, Rotwein, Suppe oder Wasser, 1 Handvoll ganz kleine Zwifl, 1 Handvoll ganz kleine Champignons, 1 Kräutersträußl, das du zusammenbindest, aus: Petersil, Thymian und Lorbeerlaub, Pfefferkörner, gut ist auch Karpfenmilch. Allfalls gesottene Krebse.
Schuppe die Fische ab, nimm sie aus, putze und wasche sie. Schneid alle in gleich große Stücke. In einem großen Kasserol schwitze Mehl in Butter,

gieß mit dem Rotwein auf und hernach mit Suppe oder einfachem Wasser. Laß aufkochen, thue Zwifln und Campignons dazu, die du vorher knapp in Butter angebraten hast, thue das Kräutersträußl dazu, dann Salz, Pfeffer und die Aalstücke, die am längsten brauchen. Koch eyne Weile, dann thue die anderen Fischstücke hinein und laß etwa 1 Stunde lind kochen. Die Karpfenmilch, die du ganz klein schneidest, thue erst kurz vor dem Garwerden hinein. Jetzt nimm das Kräutersträußl heraus, baue die Fischstückl wie eyne Pyramiden in der Servier-schüssel auf, umlege sie mit den Zwifln und Champignons und gieße die Sauce darüber. (Mir ist es lieber, die Champignons auch erst zum Schluß hinein-zuthuen, doch jeder mag nicht eynen so frischen Pilzgeschmack.)

Ganz richtig ist die Matelote, wenn du sie auch mit Krebsen umlegst.

Guter Fischtopf.

Diese Speise schmeckt fast wie die berühmte fran-zösische Bouillabaisse und geht gut aus Süßwasser-fischen. Es sollen nur möglichst verschiedene sein. Auch frische Muscheln brauchst du.

Du nimmst: alle Arten Fische, in Stücke geschnitten, Öl, Zwifl, Knofl*, gelbe Rüben, Lauch, Petersil, Basilikum, Thymian, Lemony, Lorbeer, Salz, Pfeffer, Safran, Muscheln, Weißbrot, wenig Weißwein, Butter.

Leg die Fischstücke für eine Stunde in Lemonysaft. Hack den Zwifl, zerdrück den Knofl fein, schneide die gelben Rüben und das Lauch blättrig. In ein Kasserol thue Öl, laß es heißwerden, füge Zwifl, Knofl,

* Knoblauch.

Lauch und Rüben hinzu, rühr durch. Auch den Peterl sowie die anderen Kräuter thue hinzu. Nun kommt der Fisch, dazu Salz, Pfeffer. Laß $^1/_4$ Stunde kochen, nachdem du mit Wasser aufgegossen hast. Nun kommen die Muscheln hinein, der Safran und der Weißwein. Richte über in Butter gerösteten Weißbrotscheiben an.

Billett des Oberbereiters von Weyrother,
Exerzitienmeister im Stallmeister-Stab,
an Anna Maria Stainerin   März 1791

Allerschönste gnädigste Frau!
Wie berühmt dero Schönheit in gantz Saltzburg ist, weiß die Gnädigste sicher selbst, und von deren Augen wie Türkise träumen sogar die Gassenbuben, wie ebenfalls bekannt sein dürfte. Doch wegen der blonden Locken, die die Gnädigste frei auf die Schultern fallen läßt, ein Naturereignis unter den Aufbau-Türmen unserer Damen, hat der Unterzeichnete im Stallmeister-Stab zwei Körbe Champagner verwettet. Sind diese Locken wirklich Natur? Die Körbe Ihnen, Allerschönste, für eine solche Locke, dürfte ich sie, im Beisein von Anstandspersonen, selbst abschneiden.

Dero unterthänigster Diener
v. Weyrother

Fleisch und Fisch.

Diese ungewöhnliche Speise darfst du nur Leuten vorsetzen, die gerne Neues probieren oder die in den Küchen fremder Völker Erfahrungen haben.

Ich habe sie bei einer spanischen Gräfin gegessen, deren Kind mein Eckhart das Leben gerettet hat. Aber es hat ihm das Essen nicht geschmeckt.

Du nimmst: schönes Rauchfleisch, das etwas fett sein darf, gleich schwer Rind- und Schweinfleisch (mager), einen schönen Fisch, klein, Zwifl, Salz, Pfeffer, 1 Theelöffel Maismehl oder Erdäpfelmehl. (Ich gebe auch etwas sauren Rahm dazu.) Allfalls Lemonysaft.

Thue das Rauchfleisch in ein Kasserol, nachdem du es in kleine Würfel geschnitten hast, laß es im eigenen Fett anbraten. Das ebenso zerschnittene Rind- und Schweinefleisch thue dazu, sowie den zerhackten Zwifl. Laß schön bräteln, thue Wasser hinzu. Wenn es fast weich ist, thue die Fischstückln hinein, salze und pfeffere. Rühr das Mehl, das du mit etwas Saft oder Wasser abgesprudelt hast, hinein, laß noch eine Weile köcheln. Schmeck mit Lemonysaft ab und Rahm, wenn du magst. Es paßt am besten trockener Reis dazu.

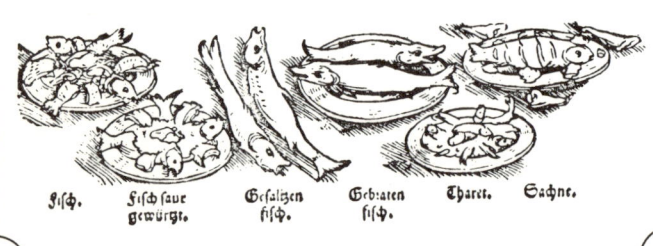

Fiſch.   Fiſch ſaur   Geſalzen   Gebraten   Charet.   Sachne.
gewürgt.   fiſch.   fiſch.

Allerley Geflügel.

Ein Lauber Pasteten wie ein Hertz, von Enten oder Tauben und Feder Wildpret.

Gefüllte, gebratene Ente

Enten kannst du auf verschiedene Art füllen. Mit Äpfeln oder Kastanien geht es so:
Du nimmst: 1 schöne Ente, über 2 $^1/_2$ kg schwer, denn sie soll fett sein. Magere Enten mußt du beim Braten immer wieder mit heißer Butter schmieren, wozu du eine Gänsefeder nimmst, thuest du das nicht, wird sie trocken. Salz, ein Kräuterbündel, säuerliche Äpfel oder geschälte Kastanien, Pfefferkörner, 2 Lorbeerblätter, Ingwer, wenig Rosmarin, ein Stück Schwarzbrotrinde, allfalls Zimt.
Richte die Ente bratfertig, reib sie mit Salz ein. Thue in die Leibeshöhle die Äpfel oder Kastanien. Bey den Äpfeln füge das Kräuterbündel hinzu, sowie, wenn du den Geschmack magst, etwas gestoßenen Zimt. Näh zu, vom Zustecken mit Holz halte ich nicht viel, da es dazwischen herausschmelzen kann. Thue die Ente in eine passende Bratpfanne, rundherum etwas Wasser, die Pfefferkörner, das Ingwerstückl, den Rosmarin, die Lorbeerblätter sowie die Brotrinde. Salze. Laß braten, dreh einmal um. (Du bratest am besten so, daß du zuerst die Ente auf die gefüllte Seite legst, denn da wird der Inhalt langsam weich. Ehe er herausschmelzen kann, hast du dann umgedreht.) Das Braten soll etwa 2 Stunden dauern.
Richte den durchgeseihten Saft aparte an.

Ente mit anderen Füllungen.

Zu der Apfelfüllung kannst du auch Weinbeern thuen. Eine weitere Art ist die englische, bei der du mit Zwifl, Salbeiblättern, Pfefferminze und Weinraute füllst. Sehr beliebt ist die Wiener Füllung.

Dazu nimmst du:
Leber, Magen, Herz und Lunge der Ente, feingehackt,
2 Eyer, in Milch ausgedrückte Semmeln, Muskathen,
Salz, schaumig gerührten Butter.
Richte die Ente wie üblich her, fülle mit genannter,
gut vermischter Fülle. Salze und brate wie üblich.

Eyne französische Ente.

Du nimmst: 1 schöne Ente, ihr Herz, Leber, Speck,
Scharlotten, in Milch ausgedrücktes Weißbrot,
2 Eyer, Muskathen, Salz, Butter, Estragon, Petersil,
Zwifl, gelbe Rüben, Schwarzwurzeln, Mehl, Rotwein, Lemonysaft oder Essig, Zucker.
Hacke Leber und Herz fein, vermischt mit Speck und
Scharlotten. Thue dazu das ausgedrückte Weißbrot,
Muskathen und Salz, sowie den gehackten Peterl und
den Estragon. Füll die Ente damit. Leg sie in die
Bratpfanne auf ein Bett von Speckscheiben, ganzen
Zwifln, Schwarzwurzeln und gelben Rüben. Brate
die Ente darin schön braun. Zum Saft thue Essig
oder Lemonysaft, streu etwas geröstetes Mehl hinein,
gieß mit Rotwein auf, thue noch Zucker daran,
laß den Saft eynmal aufkochen und kannst es auf-
tragen.
Auf eyne andere Art thuest du zur französischen
Ente an Gewürz auch Nelken, Lemonyschölerl,
Kardamom, und in die Sauce thue dann gekochte
Trüffeln.

Haßen.   Kränch.   Biftarden.   Pfawen.   Gänß/Enten.   Staren.

Brieftorso (Empfänger unbekannt)　　Dezember 1791

Die Frau Bürgermeister Metzger hat mich in der
Kirchen angeredet, und so bin ich dann zu ihr auf
Mülln in den Marchanthof. Die alte Frau Metzgerin,
ihre Schwiegermutter, ist nicht mehr richtig im
Kopf, sie hat eine Natter mit einem Krönlein gesehen,
und den Seelenführer vom Untersberg hat sie auch
gesehen, in der Nacht hört sie die wilde Jagd brau-
sen, und das alles in Mülln. Ich hab gesagt, da muß
der Eckhart kommen, aber der ist ihnen zu streng,
wie er vielen zu streng ist mit seiner Ablehnung von
allem Aberglauben. Auch in Mülln ernten sie ja
nach dem Mond: was oben wächst, darf nur bei
Vollmond, was nach unten wächst, nur bei Neumond
geerntet werden.
Der Bürgermeister ist wie der Eckhart, und so muß
ihm alles verheimlicht werden. Ein Kuchelmentsch
hat mich gezupft, ob die Frau Doktor nicht einen
guten Liebestrank für sie weiß? Sie trinkt die tinc-
turam cantharictum flaschelweis, und nichts nützt.
Der Eckhart sagt, wenn sich die Mentscher mehr
waschen täten, daß sie nicht so nach Schweiß und
Kuchl stinken, braucheten sie keine Liebesträke.
Er wird aber zur alten Metzgerin hinschauen, damit
sie nicht am End in die Irrenanstalt kommt, wo sie
die armen Teufeln in Ketten legen in einem finsteren
Loch . . .

Ente in der Schüssel.

Diese Speise kannst du als Vorspeise abends geben, du kannst sie auch zu einem festlichen Frühstück reichen, wo man Wein dazu trinkt. Bei Herrenessen macht sie sich auch passend aus. Sie ist sehr gut und leicht vorzubereiten.

Du nimmst: eine schöne Ente, nicht fett, um 2 kg herum, allerley Wurzelwerk, Petersil und was du sonst an schönen Kräutern hast, Zwifl, weißen Pfeffer, Neugewürz, Salz, 2 Lorbeerblätter, Speck, etwas Schinken, am besten rohen, Weißwein, 1 Kalbsfuß, Lemonysaft und Lemonyscheiben, Pomeranzen. Richte die Ente schön sauber zu. Schneide Speck zum Spicken zurecht, drehe ihn in zerstoßenen Gewürzkörnern und Salz. Spicke die Entenbrust. In ihre Leibhöhle thue geschnittene Wurzeln und Küchenkräuter, fein gehackt. Näh die Ente zu. In eine Bratpfanne oder ein Kasserol breite Speckscheiben, darüber thue Zwiflscheiben, dann den Kalbsfuß, darüber den Schinken, die Lorbeerblätter, sowie die Pfefferkörner und das Neugewürz. Salze. Nun lege die gefüllte Ente darauf, salze auch darüber (es empfiehlt sich, auch die Leibhöhle, vor dem Füllen, leicht mit Salz einzureiben). Gieße 1 schwachen halben Liter Weißwein rundum sowie so viel Wasser, daß die Flüssigkeit ebenso hoch im Kochgefäß steht wie die Ente. Decke sorgsam zu, so daß du nicht mehr öffnen solltest, ehe die Ente gar geschmort ist auf einem kleinen Glutl.
Nimm sie heraus, seihe die Flüssigkeit in eine passende Schüssel, verrühre den Saft eyner Viertel-Lemony hinein. Die Ente zerlege in zierliche Stücke. Manche legen sie im Ganzen hinein, doch ich halte nichts davon, sie erst am Tisch zu tranchieren,

obgleich sie im Ganzen freilich schöner ausschaut. Rangiere die Entenstücke in der Schüssel, stell sie in den Keller, wo der Saft dann schön geliert. Wenn du sie anrichtest, garniere sie mit Lemony- und Pomeranzenscheiben.

Den Kalbsfuß und das Durchgeseihte (Schinken und Wurzeln) kannst du gut in der Gesindeküche verwenden.

Eine Gans gleich einem Auerhahnen zu richten.

Dafür nehmen die Leute keine fette, gießen ihr ein Gläslein Rosenessig lebendig in den Hals, hängen sie sodann am Kragen auf, bis sie erstarrt. Nun wird sie gerupft. Kopf, Flügel, Füße darfst ihr nicht abhauen. An den Füßen die Haut dazwischen schneidest du ihr aus, damit sie einem Auerhahnen gleicht. Ist dies alles geschehen, schneidest sie der Länge nach auf, nimmst das Eingeweide heraus und wäschst zuerst mit Wasser, dann mit Wein sauber aus, bestreust dann das Inwendige der Gans mit Salz und Gewürtz, läßt es so über Nacht stehen. Nun besteckst du sie mit Zimmet und Nägelein wie einen Auerhahn, steckst sie an den Spieß und brätst sie ab. Nach Belieben kannst du eine süße Brüh von Wein und Eyerdottern machen und die Gans darauf legen. Auf diese Weise lassen sich auch wilde Gänse zurichten, du mußt dich aber bey denselben in Acht nehmen, weil ihr Fleisch härter ist, so daß sie länger zu braten haben.

Huhn in Schokoladensauce.

Diese Speise habe ich von der spanischen Gräfin gelernt. Es soll ein Nationalgericht drüben bei den Indianern sein. Als ich einmal ein Huhn so kochte, hat es dir sehr gut geschmeckt. Du hast gesagt: »Werde ich jetzt eine Indianerin Maman?« (Mein Eckhart findet diese Speise abscheulich.)

Du nimmst: 1 schönes junges Huhn, Olivenöl, Knofl, Mandeln, Salz, Zimt, Pfeffer, bittere Schokolade, Weißbrot.
Koch die Hühnerstückln in gesalzenem Wasser fast weich. Nimm sie heraus, trockne sie ab. In einem Kasserol mache Öl heiß, thue die Hühnerstückln dazu, brat sie fein. Nimm sie heraus und thue sie beiseite. Durch die Fleischmaschine treibe eine Weißbrotscheibe mit den Mandeln (du kannst es auch im Mörser stoßen), mische dazu Salz, Zimt, Pfeffer und die geriebene bittere Schokolade. Thue es in das Kasserol mit dem Öl, laß unter Umrühren einige Minuten köchln. Nun nimm ein neues Kasserol, thue die Hühnerstückln mit etwas vom Wasser, in dem sie gekocht wurden, hinzu, stell's auf das Glutl und gieß die Schokoladesauce darüber. Laß es 1 Stunde gut und lind durchköcheln, rühr fleißig um, gieße auch Kochwasser dazu. Es schmeckt sehr gut mit Reis.

Vermischtes Pfefferhuhn.

Du nimmst: 1 nicht zu altes Suppenhuhn, 1 Stück Schweinefleisch, 1 Stück mageres, gut abgelagertes Rindfleisch, Zwifl, Knofl, Pfefferkörner, braunen Naturzucker, Thymian, Estragon, Essig, Salz, kein Fett.
Schneide das Rindfleisch in Stückln und beize es 2 Stunden in etwas Essig, Salz, Pfeffer und Thymian ein. Nun zerschneide das Schweinfleisch, zertheile das Huhn in appetitliche Stückln, thue beides in Wasser. Laß mit dem eingebeizten Rindfleisch auf

kleinem Glutl kochen, unter Zugabe von Salz und Pfeffer. Nach einer Stunde thue gehackten Zwifl, Knofl, braunen Zucker, Estragon und noch etwas Thymian hinzu, laß gar werden. Kurz davor streue noch frisch gemahlenen schwarzen Pfeffer darüber. Dazu paßt am besten trockengekochter Reis.

Pikanter Hühnertopf.

Du nimmst: ein Suppenhuhn, nicht zu alt, Speck-scheiben, Salz, Pfeffer, Zwifl (gleich schwer wie das Huhn), Majoran, 1 Stückl geräucherte Wurst, Schwarzbrotrinde.
Zertheile das Huhn in mundrechte Stückln, thue es in einen Topf, der mit Speckscheiben belegt ist. Salze und pfeffere das Huhn, schichte den gehackten Zwifl darüber und die Brotrinde, streu etwas Majoran dazu. Auf einem kleinen Glutl laß es so 2 oder 3 Stunden köcheln, es soll eine schöne, dickliche Sauce werden. Wenn es fast gar ist, thue die zerschnittene Räucherwurst dazu. Es paßt sehr gut Reis oder breite Nudeln dazu. Da manche den Majorange-schmack zum Huhn nicht mögen, laß ihn dann lieber weg. Du kannst diese Speise auch aus Rind-fleisch machen.

Huhn im Topf.

Diese Speise schmeckt aufgewärmt am besten. Thue sie für Tage vorrichten, wo keine Zeit zum Kochen ist.
Du nimmst: ein schönes Huhn, in Stücke geteilt, Salz, Pfeffer, Knofl, Zwifl, Öl, 1 Lorbeerblatt, herben Weißwein, neue Erdäpfel, Zuckererbsen, allfalls frische, gehackte Kräuter.

Zerdrücke Knofl fein, vermische ihn mit Salz und Pfeffer zu einer Pasta. Reib die Hühnerstückln damit gut ein und stell sie über Nacht in den Keller. Dann thue Öl in ein Kasserol, brate darin zerschnittenen Zwifl, thue ihn nach einiger Zeit wieder hinaus. Jetzo brate die Hühnerstückln in dem Öl, thue das Lorbeerblatt und den Zwifl dazu, gieße mit dem Weißwein auf und laß eine gute Stunde auf kleinem Glutl kochen. Manche thuen jetzo die Erdäpfel dazu, aber diese sind bekömmlicher, wenn sie nicht eynen Tag alt sind, trachte sie frisch zu kochen, wenn du die Speise anrichten willst! Die Zuckererbsen kannst du gleich dazuthun. Bestreue vorm Anrichten mit den frischen Kräutern.

Tagebuchnotiz   1792

Die Großmutter aus Preußen schickte ein Spargeld für meinen Franzl, sie kann noch immer nicht kommen, aber es geht ihr besser. Die Pepperl sagt, daß sie schon einmal gelauscht hat, wie der Großvater mit dem Eckhart über die Mama geredet hat, da habe ich es ihr gleich verboten. Es gehört sich nicht, die Geheimnisse der Älteren auszukundschaften. Die Mama wird wissen, warum sie nicht mit ihrem Mann hier bei uns lebt, sondern allein oben in Preußen. Es soll ein adeliger Herr gewesen sein, und der Prozeß um seine Erbschaft geht über 5 Jahr. Nach dem Medaillon, das sie der Pepperl zum Geburtstag geschickt hat, ist sie mit ihren 65 Jahren noch immer eine schöne Dame.
Sie hat mir, der jungen Mutter, wie sie mich tituliert, auch eyn Preußengeld geschickt. Zum Anbrin-

gen, wie sie schreibt, nicht zum Sparen: dem Franzl seyne Geburt muß gefeiert werden! Ist eh schon bald zwei Jahre her!

Weil der Eckhart vom Kurfürsten Carl Theodor, dem er 3 Teller Blut abgezapft und ihn damit vom Schlagfluß gerettet hat, die große Ehrung erhielt, daß wir uns nimmer Zozel nennen müssen, sondern VON Stain heißen dürfen, nach dem Hausnamen, hat er gemeint, das geht in einem Aufwaschen. Er legt was dazu zu meinem Muttergeld. Das Kleid aus weißem, brochiertem Tafet mit einem Miederl hat 30 Gulden gekostet. Die Kutsche mit den 4 Pongauer Schimmeln und den Kutschern in rotem Rock hat bis Maria Plain und zurück 10 Gulden gekostet. Das schöne Kleid muß reichen bis zum nächsten Kind oder der Pepperl ihrer Hochzeit!

Die Pepperl hat mich gefragt, ob 10 Gulden viel sind. Ich habe ihr gesagt, daß der Cajetan Pfnür, unser Gärtner, 8 Gulden im Monat bekommt, das Gemüse frei. Sie hat gesagt, wozu braucht ein Gärtner Gemüse? Es wächst ja im Garten.

Die Hendln und das Kompott in Maria Plain waren nicht so gut wie die Aussicht vom Garten ins Tal, die Berge ringsum. Das Kaltenhauser Bier hat dem Großvater geschmeckt.

Alles vom Fleisch.

Vom Kalb.

-❦-❀-❦-

Das Kalbfleisch. Wie du es gut kochst.

Du wäschst es rein und stellst es mit heißem Wasser, das du gleich oder später salzen kannst, auf den Herd. Setzest du es mit kaltem Wasser zu, wie das Rindfleisch, kocht es sich nicht so schön weiß, wie es sein soll. Du mußt es so machen: Bevor es aufwallt, nimmst du es heraus und legst es 10 Minuten in eine Schüssel mit kaltem Wasser. Darin wäschst du es noch einmal ab, so bleibt aller Schaum zurück. Dann thuest du es wieder in das Wasser zurück, fügst Wurzelwerk, die gewünschten Gewürtze und, wenn du es noch nicht hast, jetzt das nöthige Salz hinzu. Du kochst es nun je nachdem 1—1$^1/_2$ Stunden, mußt aber achten, daß das Fleisch immer bedeckt ist, denn was herausschaut, wird gern braun. Das ist nicht schön, und so achte gut darauf und drehe es auch mehrere Male im Topf um, denn es brennt auch gern an. Decke es auch mit einem Deckel zu. Damit Fleisch und Suppe kräftiger sind und besser schmecken, ist es sehr gut, eyn Stück Butter dazuzugeben, so groß wie $^1/_2$ Hühnerey.
Für eine gewöhnliche Tafel brauchst du für eine Kalbfleischspeis etwa $^1/_8$ kg bis $^1/_4$ kg pro Maul. Kalbfleisch darf nur von einem Kalbl genommen werden, das nicht weniger als sechs Wochen alt ist. Nur so ist es saftig und schmeckt gut. Die rechte Qualität vom Kalbfleisch erkennst du so: die Knochen sind im Verhältnis klein, und es ist viel Fleisch daran; außerdem ist das Fett rundherum sehr hell.

Frikandeau zu bereiten.

Du nimmst: einen Kalbsschlögl und behandelst ihn so:

Frikandeau-Grundrezept.

Der Kalbsschlögl soll 2 Tage nach dem Schlachten sein. Nun häute ihn ab, lös das Fleisch von den Knochen, trenne das Fleisch nach der Muskulatur auseinander. Jetzt häute wieder jedes einzelne Stück und klopf es mit dem Fleischpracker. So wird es ganz mürbe. Nun kannst du es fein spicken. Manche mögen das Fleisch blanchieren, damit es schön weiß ausschaut. Ich mag das nicht gerne, weil das Fleisch dadurch viel Saft und Kraft verliert. Aber gemacht wird es so: Die gespickten Frikandaus mit heißem Wasser übergießen, sodann in kaltes Wasser legen. Nach ein, zwei Minuten herausnehmen und diese feinste von allen Fleischsorten verwenden.

Gedünstete Frikandeaus.

Du nimmst: eine entsprechende Anzahl von Frikandeaus, Butter, Wurzelwerk, Zwifl, Pomeranzenschölerl, Lemonysaft und -schölerl, Muskathblüthe, Nelkenpfeffer, Mehl, Salz, Weißwein, die Knochen vom Schlögl, 1 Salbeiblatt.
Aus den Kalbschlöglknochen machst du eine Suppen, die du später zum Aufgießen verwendest. Hast du die Frikandeaus hergerichtet, so thue sie in ein Kasserol in Butter. Dazu füge das gewürfelte Wurzelwerk und Zwifl, geriebene Pomeranzen- und Lemonyschölerl. Laß anbraten, daß es schön blond wird. Nun würze mit Salz, Muskathen und Nelkenpfeffer und brate so $1/2$ Stunde weiter, während du

1mal umdrehst, auf kleinem Glutl. Nun thue die Fricandeaus heraus, gib in den Bratsatz im Kasserol 1—2 Löffel Mehl, rühr um, gieße mit Weißwein auf. Was sich am Grund fest angesetzt hat, kratze los, so daß es schön im Saft bleibt, den du unter Rühren etwas kochen läßt. Nun thue die Frikandeaus hinein sowie für eine Weile das Salbeiblatt und laß sie fertig dünsten, thue aufgießen mit der Knochensuppe, nimm das Salbeiblatt wieder heraus. Diese Frikandeaus müssen ausschauen wie glaciert. Willst du es ganz besonders gut machen, so bepinsle sie noch mit Bratenschü*.

Kalbsfrikandeau oder Kalbsnuß, natur.

Du nimmst: 1 Kalbsnuß, Speck, Zwiebeln, Wurzeln, Salz, etwas Suppe.
Häute die Nuß schön ab, spicke sie fein. Bestreue sie mit Salz und lege sie in ein Kasserol, in dem bereits einige Scheiben Speck, geschnittene Wurzeln und Zwifln liegen. Decke es zu und dünste fein, dabei gibst du manchmal Suppe zu und gießt mit dem Schöpfer den Saft übers Fleisch. Ist es weich, so thue den Deckel weg und laß es bei stärkerem Glutl gach** braun werden, aber mußt achtgeben, daß es sich nicht anbrennt!
Wenn du aufträgst, seihst du den Saft durch ein Sieb über das Fleisch und bringst es so zu Tisch mit gedünsteten Champignons oder Karfiol als Garnitur. In neuerer Zeit tragen viele auch diese Erdäpfel auf den Tisch, am besten sind sie in Butter gebraten und mit Petersil bestreut. Feiner ist Reis dazu, den

* Bratenjus.
** jäh.

du mit einem Zwifel, den du mit Nägln besteckst, aparte dünstest.

Oder mach die Kalbsnuß so: Gib beim Dünsten nur wenig Suppe, sonst guten Weißwein, oder gib Lemonysaft, laß schön gar werden und reiche dazu ein feines Erdäpfel-Püree.

Oder: dünste das Fleisch nicht auf Speck, sondern auf Butter und vermische den Bratenschü mit einer pikanten Sauce, wie etwa: Kräuter-Sauce, Trüffel-Sauce oder Cappern-Sauce. Wie die bereitet werden, mußt du unter »Saucen« in diesem Buch nachschauen.

Wiener Schnitzel auf teutsche Art.

Du mußt nicht lachen, wenn du in einem guten teutschen Haushalt eine Speise vorgesetzt bekommst, die sie Wiener Schnitzln nennen, und sie kommen daher mit einer Sardellensauce und ohne Bannier! Es ist aber eine sehr wohlschmeckende Speise, die aus Frikandeaus gemacht wird.

Du nimmst: Frikandeaus, Butter oder Rindsfetten, feingewiegte Cappern sowie Sardellen, Lemonysaft, etwas helle Suppe, allfalls Eyerklar und Semmel-brösel.

Brate die Frikandeaus, nachdem du sie geklopft und gesalzen hast, in Butter oder heißer Rindsfetten auf beiden Seiten schön blond, was nach 10 Minuten so weit ist, bestreue sie mit den gehackten Sardellen und Cappern und tropfe Lemonysaft darüber. Brate weiter, bis sie gar sind, thue mit etwas guter Suppen aufgießen, daß du eine schöne Sauce hast. Trag sie mit Salzkartoffeln aparte auf.

Laß sie nicht herumstehen, sonst verlieren sie ihre Saftigkeit.

Eine andere teutsche Art ist, sie nach dem Klopfen und Salzen in Eyerweiß und Semmelbrösel zu bannieren. Sonst fahre wie vorher mit ihnen fort, also mit Sardellen, Cappern und Lemony.

Eine schöne Schüssel voll Frikandeaus.

Du nimmst: Frikandeaus nach Bedarf, Salz, weißen Pfeffer, Ingwer, Kardamom, 1 Salbeiblatt, Butter, Semmelbrösel, Lemonyscheiben, Weißwein, Speck. Thue auf die gespickten und geklopften Frikandeaus außer Salz Pfeffer, Kardamom, Ingwer, am besten in Pulverform, leg einige Lemonyscheiben darüber, laß es eine Weile stehen. Sodann thue die Lemony-scheiben herunter, streu Brösel darüber, thue sie in ein Kasserol, in dem schon Butter schmilzt, und darüber thue die Lemonyscheiben sowie das Salbei-blatt, das du aber nur kurz drinnen läßt, während das Fleisch mit den anderen Zuthaten 1 Stunde dünstet. Ist es schon fast gar, gieß mit dem Weißwein auf, laß noch 1mal aufkochen. So ist es gutt und fertig.

Tagebuchnotiz 1792

Der Schani, den sie auf ein paar Tage heimgeschickt haben, weil im Seminar von Mondsee die Blattern umgehen, hat der Pepperl einen Benediktiner vor-gemacht, wie sie die Buben dort im Seminar pei-nigln. Der Eckhart und ich haben soviel lachen müssen, daß wir in unsere Kirche hineingegangen sind, wo wir – vier Jahre ist es her – geheiratet haben.

Im Devotionaliengeschäft links beim Vorplatz hat er mir eine Kerze gekauft. War's der Malvasier, den wir getrunken haben? Mein Ecklein hat gesagt: »Madame von Stain, kurfürstlicher Gnaden, die Sonne Eurer Gnaden liegt überm Eckhart Zozel, Eurem Diener. Was wünschen Madame, daß der liebe Gott der Mutter eines kleinen Zozel, jetzt auch Stain, VON Stain, gewähren möge?«
Ich nahm die Kerze, zündete sie an, steckte sie fest und kniete nieder. Ach, ich habe es ihm nicht gesagt, worum ich gebetet habe, es ist ja auch vielleicht dumm. Mein Ecklein. Ich betete, daß Dir erfüllt wird, was mir nichts gibt, aber Du Dir wünschest, ich weiß es ja: daß Dich der Doppelposten vorm Palais am Residenzplatz auch einmal grüßt, wie die noblen Herren. Ich würde beym Hofbrunnen stehen bleiben und zuschauen, wie Dich das freut. Denn Du verdienst es.

Ein feiner Lachs, aus Kalbfleisch zu bereiten.

Du nimmst: Frikandeaus oder andere Kalbsschnitzl, Sardellen, Essig, Lorbeerblätter, weiße Pfefferkörner, Neugewürz, Nelkenpfeffer, Kardamom, etwas feines Öl, Salz, handgerührte Mayonnaise, Cappern allfalls.
Spick die Frikandeaus oder Schnitzl nicht mit Speck, sondern mit Sardellen, nachdem du sie geklopft und zart gesalzen hast. (Sind die Sardellen recht salzig, laß das Salz weg). Lege sie in Essigwasser mit den Gewürzen und dem Öl und laß sie nur kurz kochen. Laß sie auf einer schönen Schüssel, hübsch an-

geordnet, kalt werden. Thue gute Mayonnaise darüber
sowie allfalls Cappern. Es schmeckt sehr gut, schaut
schön aus und kostet viel weniger als ein Lachs.

Kalbsbrust mit Cappern und Weinbeer.

Du nimmst: etwa 1 kg Kalbsbrust, 1 größere Schale
voll kleine Weinbeer, ½ Schale voll Cappern,
Butter, 2 Löffel Brösel, 1 Löffel Mehl, Lemonyschölerl, Lemonysaft, eine Spur Zucker, Salz,
Wurzelwerk, allfalls eine Prise geriebene Muskatnuß,
allfalls etwas Milch oder Rahm.
Die Kalbsbrust hackst du in mundrechte Stücke,
wäschst sie fein aus und kochst sie in reichlich gesalzenem Wasser und Wurzelwerk halbweich, also etwa ¾
Stunden. Hierauf nimmst du sie aus der Brühe, legst sie
in kaltes Wasser und läßt sie darin abkühlen. So
bleiben die Stücke schön weiß. Indessen setzest du
die gewaschenen Weinbeer in einem kleinen Höferl
aufs Feuer und kochst sie einigemale kurz auf. In
einem Kasserol läßt du Butter zergehen, röstest
darin Mehl und Brösel blond, gießt mit der Kalb-
fleischbrühe auf, kochst durch und legst dann die
Stücke hinein zum Fertigköcheln. Nun kommen die
Weinbeer und köcheln eine Weile mit. Erst kurz
vor dem Auftragen fügst du die Cappern, Lemonysaft und feingewiegte Lemonyschölerl und die Spur
Zucker hinzu, rührst gut durch. So ist es recht.
Wenn du es recht fein haben willst, gibst du eine
Spur geriebene Muskatnuß hinzu und läßt einen
Teil Brühe weg: dafür gibst du Milch oder Rahm.

Kalbsbrust mit Stachelbeeren.

Du nimmst: etwa 1 kg Kalbsbrust, Salz, etwas Butter, Zucker, Weißwein, Zimt, Lemonyschölerl und Saft, etwa 30 dkg Stachelbeeren, noch nicht ganz reif. Allfalls eynige Eydotter.

Die Kalbsbrust hackst du in mundrechte Stücke, wäschst sie fein aus und setzest sie in reichlich heißem, gesalzenem Wasser auf den Herd, wo du sie weichkochen läßt. In einem Kasserol läßt du Butter zerlaufen, gibst den Zucker, etwa 1 Kaffee-löffel, dazu, rührst leicht. Indessen hast du die Kalbsbruststücke aus der Brühe genommen und in kaltem Wasser etwa 10 Minuten liegen lassen: so bleiben sie schön weiß. Thue sie ins Kasserol zu Butter und Zucker, lasse sie ein paar Minuten schmoren. Nun kommen die harten, abgeputzten Stachelbeeren dazu, sodann ein wenig Weißwein und hernach feingewiegte Lemonyschölerl, Zimt und Lemonysaft. Mehl brauchst du keines, da die Stachelbeeren ein klein wenig zerkochen, wenn sie auch hart sind, und das ist recht, so wird die Sauce sämig. Ist zuwenig Sauce da, gieß noch Wein dazu und legiere mit einigen Eydottern.

Pfefferfleisch.

Dieses kräftige Essen kannst du aus der billigen Kalbsbrust machen oder aus minderem Kalbfleisch.

Du nimmst: 1 Stück Brust (oder Fleisch) etwa 1 kg, Butter, weißen Pfeffer, Salz, Lemonyschölerl, Zwifl, Mehl, Lemonysaft.

Brust oder Fleisch zerlege in mundliche Stücke, gieße kochendes Wasser drauf, sodann leg's in kaltes Wasser, daß es schön blanchiert. Nun lasse, für 1 kg Fleisch, in einem Kasserol etwa 6 dkg

Butter zergehen. Indessen hast du die Stücke in Salz, Pfeffer und viel feingehacktem Zwifl gewälzt, sodann in Mehl, nun thue sie in die heiße Butter. Laß sie unter Zugabe von etwas Wasser dünsten, würze noch mit ger. Lemonyschölerl. Thue zuletzt den Lemonysaft hinein.

Trag's auf mit Erdäpfeln aparte und Apfelmus.

Kälbercarbonadln mit Pomeranzen.

Du nimmst: schöne Coteletts, Salz, Butter, 1 Glas Weißwein, Gewürze nach Geschmack, Saft und Schölerl eyner Pomeranze, eyne Mehlbutterkugel, etwas gute Bouillon.

Klopfe die Coteletts fein, salze sie, thue sie in ein Kasserol mit Butter, so viele nebeneinander als Platz haben. Brate sie auf beiden Seiten schön an. Gieße den Saft ab, vermische ihn mit 1 Glas Wein, Gewürzen nach Geschmack, dem Saft eyner Pomeranze und davon die feingehackte Schale, der Mehlbutterkugel und etwas Bouillon. Gib das Gemenge über die Coteletts und laß eine Stunde langsam köcheln.

Statt der Pomeranze kannst du auch Trüffeln, Champignons oder Oliven nehmen. Dazu paßt sehr gut Reis oder die Erdäpfel.

Grillierte Coteletts.

Du nimmst: schöne Coteletts, Salz, Pfeffer, Butter, Semmelbrösel, etwas Speck. Eyne beliebige Sauce, wie du die Zuthaten gerade parat hast. Allfalls eine Gemüsegarnitur.

Klopfe die Coteletts, ziehe sie durch zerlassene Butter, banniere sie dann mit eyner Mischung von Salz,

Pfeffer und Semmelbröseln. Leg sie auf den mit Speck gut geschmierten Rost, brate sie über dem Kohlenfeuer schön gar.

Dazu paßt jede Sauce, die du aparte reichst, sowie Reis. Du kannst auch eyne feine Gemüsegarnitur aparte reichen.

Gefüllte Coteletten.

Die kannst du mit Sardellenbutter, aber auch mit eyner Kräutermischung füllen.

Du nimmst: schöne Coteletten, frische Kräuter nach Geschmack, fein gehackt, etwas gutes Nierenfett, fein gehackt, geschlagenes Eyweiß, Semmelbrösel, halb Butter, halb Rindsfett zum Backen.

Klopfe die Coteletten flach und dünn, salze sie (soferne du sie nicht mit Sardellenbutter füllst). Bestreiche sie mit der Kräutermischung, zu der du etwas Lemonysaft gethan hast, und mit dem gehackten Nierenfett, je auf einer Seite. Lege sie je zwei so zusammen, daß immer die bestrichenen Seiten aufeinander liegen, und drehe und wende sie sorgfältig zuerst im Eyweiß, dann in den Semmelbröseln. Backe sie langsam in schwimmender Butter und Rindsfett aus. Dazu paßt jeder Salat.

Dürr gefaltzen fleyſch.　Saltz.　Büfleyſch.　Kalb fleyſch.　Geyſſẽ fleyſch.

87

Gebratener Kalbsrücken.

Laß dir vom Metzger einen schönen Kalbsrücken wie einen Rehrücken zuhacken.

Dazu nimmst du: Speck zum Spicken, 1 l sauren Rahm oder Obers, Zwifln, 1 rote Rübe*, Petersilienwurzel, Salz. Allfalls 5 Eydotter, Butter, etwas Mehl.

Befrei den Rücken von allen Häuteln, spick ihn schön, reib ihn mit Salz ein. Dann kochst du den Liter sauren Rahm oder Obers mit dem in Scheiben geschnittenen Zwifl, der Rübe, der zerschnittenen Petersilwurzel und einer Spur Salz auf, läßt es dann kalt werden. Gieß es nun über den Rücken, den du in einem Porzellangefäß bereitgestellt hast. Du kannst ihn aber auch gleich in das Bratkasserol legen, in dem du ihn morgen zubereiten willst.

Nun gieße die Rahm-Marinade ab, thue den Braten mit etwas Wasser und einem Stück Butter auf ein Glutl, mit der Speckseite nach unten, wende ihn gut um nach etwa $1/4$ Stunde. Begieße ihn mit der Rahm-Marinade, in die du mittlerweile die 5 Eydotter eingequirlt hast. Gieß aber schön langsam nach, da bekommt der Braten eine rechte Kruste. Gießt du zuviel und zu schnell, wird die Kruste zu braun und hart, auch verliert das Fleisch an Saftigkeit, und dir bleibt plötzlich nichts mehr zum Begießen, da die Rahm-Marinade verthan ist! Du kannst die Eydotter auch weglassen. Da begießt du dann den Braten nur mit der Rahm-Marinade und etwas zerlassener Butter. Du brauchst zum Braten um 2 Stunden herum. Ist dir vielleicht die Bratensauce zu dünn, gib etwas in Butter blond geröstetes Mehl dazu.

* Möhre.

Einen Kalbsschlögl zu braten.

Das beste Stück am Kalbl ist der Schlögl*. In diesem befindet sich die Kalbsnuß, von Häutchen umgeben, aus denen man sie sehr gut herausschälen kann.

Dieses Fleisch ist so gut, daß du nicht viel machen mußt, um einen trefflichen Braten herzustellen!

Salze den Schlögl eyn paar Stunden vor dem Braten ein, damit es sich schön einzieht. Oder salze erst, bis du den Braten mit heißem Fett übergossen hast.

Leg den Schlögl in die Bratpfanne auf ein Bett von feinen Speckscheiben und Butter, würze mit Pfefferkörnern, 2–3 Lorbeerblättern und 1 Stückl Ingwer. Du kannst auch ein wenig Rinden von eyner Semmel hineinthun, das macht den Schü sämig. Du bratest so: Anfangs legst du den Braten mit der flachen Seite nach unten, hebst manchmal ein bißl auf, damit er sich nicht anlegt, gießest auch Wasser von der Seiten zu: so wird er schön braun, brennt aber nicht an. Nach ungefähr $^{1}/_{2}$ Stunde drehst du den Braten um und brätst ihn unter fleißigem Begießen fertig. Manche streuen Semmelbrösel über die Keule, da wird sie schön braun. Manche spicken den Schlögl vorher auch mit Speck, das macht ihn recht saftig. Ein Schlögl, der 6–7 kg wiegt, wird 2–$2^{1}/_{2}$ Stunden zum Braten brauchen, kleinere kürzer. Wenn du vorher die Knochen auslöst, ist der Braten schneller fertig, verliert aber an Saftigkeit.

Du kannst auch Brodrinden hineinthuen, doch mußt du darauf achten, daß an Brod- oder Semmelrinde kein Stück Schmölerl** bleibt, weil der Bratensaft sonst eine trübliche Farbe bekommt und auch säuerlich schmeckt.

* Keule.
** Krume.

Den fertigen Braten schneidest du in schöne Scheiben und setzest ihn auf der Anrichte-Schüssel so zusammen, daß er wie ganz aussieht, und übergießt mit dem Saft.

Man reicht für gewöhnlich Salat dazu, doch schätzen viele Reis und neuerdings diese Erdäpfel, gekocht oder geschmort.

Kalenderblatt vom 5. 6. 1793.

Hinten steht der alte Ritter-Wahlspruch:

> Gott meine Seele,
> meinen Leib dem König,
> mein Herz den Damen,
> die Ehre für mich.

Mit Pepperl, Schani und dem Franzl am Ofenloch-Berg dem Exerzieren von denen Soldaten zugeschaut. Es gab auch ein Feierwerk in der Sommer-Reittschule. Aber der Franzl mußte ins Bett.

Die Zächsfleisch Aloysia macht die Erdäpfel, die sie, wie viele, Dardoffeln nennt, so: sauber waschen, putzen, scheelen, in dünne Blattlein schneiden. Mit etwas Wasser, Öl und Pfeffer in die Schüssel thun, am Glutl warm machen. Saltzen. Statt Wasser kann man auch Fleischbrühe oder solche von Erbsen nehmen, statt Öl Butter. Aber mir scheint, daß das die Erdäpfel hart bleiben läßt, sie müssen ja erst sieden!

Mein Ecklein sagt, hätten sie in Frankreich gewußt, daß man die Erdäpfel sieden muß, damit sie gut eßbar sind, hätten sie keinen Hunger gehabt und es wäre keine Revolution gewesen.

W. A. Mozart

Der kleine Franzl schlaft jetzt, und der Eckhart ist
bey der Gräfin Lizau, vom Erzbischof die Nichte.
Die Schönheit ist die 2. Frau vom Kommandanten
der Veste Hohensaltzburg, wo sie noch immer fest
die Verurtheilten schlagen. Der Profoß legt dazu den
Spanischen in Salzwasser. Der selige Mozart soll
für die schöne Lizauische ein Klavierkonzert geschrieben haben.

Eckhart hat den blauen Frack angezogen, mit
grauen Hosen und eynem weißen Halstuch. Klim-
pert ihm das Weibsstück auf dem Pianoforte Sonaten
vor?

Dem Schani die Wäsche hergerichtet und gemerkt.
Er muß morgen wieder ins Benediktiner-Seminar.
Der Großvater ist recht fiebrig und redet von
Preußen.

Eyn gedünsteter Schlögl auf andere Art.

Du nimmst: 1 kleineren, zarten Schlögl, gelbe Rüben,
Zwifl (3–4 Stück), Lorbeerblätter, 1 Stückl Zeller,
Nägl, Pfefferkörner, Wacholderkörner, Lemonyschölerl und -saft, 1 Flasche guten Weißwein.
Laß den Schlögl eyn paar Tage abliegen. Dann
häutel ihn und spick ihn, leg ihn in eyn Kasserol,
thue Salz darauf, 2 gelbe Rüben, 3 oder 4 in Scheiben
zerschnittene Zwifl, 3 Lorbeerblätter, 1 zerschnittene
Pastinakwurzel, 1 Stückl Zeller, eyn paar Nägl, eyn
paar Pfefferkörner, wenn du magst, auch Wacholderkörner, Saft und abgeriebene Schölerl von 2 Lemony.
Nun gieße $1/2$ oder ganze Flasche guten Weißwein
darüber und laß den Schlögl 1 Tag und 1 Nacht
gut zugedeckt darin marinieren.
Nun setzest du das Kasserol aufs Glutl, gib aber vorher noch eyn paar Speckscheiben auf den Grund.
Thue den Deckel in den etwa 3 Stunden, die der
Schlögl jetzt braten muß, eyn paarmal, und nur
dazu, zur Seite, damit du den Braten schön mit dem
eigenen Saft begießen kannst. Ist der Saft zu fett,
nimm das Fett ab, nachdem du den Saft durch ein
Sieb gegossen und noch mit etwas Wein oder guter
Suppe für die Tafel fertig gemacht hast. Du servierst ihn aparte in der Saucière.
Essen kann man ihn mit Reis oder Nudeln oder Erdäpfeln.

Eyn panierter Kalbsschlögl.

Das ist eyne besonders saftige Speise, die selten
gemacht wird.
Du nimmst: 1 kleinen Schlögl, dessen Knochen du
vom Metzger gleich auslösen läßt. Gesalzene, auf-
geschlagene Eyer, Brösel, Salz, heiße Butter, als

Garnitur geschnittene Lemony, gedünstete Zuckererbsen, jeden Salat, auf den du Lust hast, auch gedünstete Champignons.

Den hergerichteten Schlögl klopfst du flach, salzest
ihn, tauchst ihn von allen Seiten in die gesalzenen,
aufgeschlagenen Eyer, sodann in Brösel. Nun legst
du ihn in die heiße Butter in einer Bratpfanne,
stellst die Pfanne ins heiße Rohr, begießt den Schlögl
fleißig mit zergangener Butter, drehst ihn auch
manchmal um. Es muß langsam gehen, damit der
Schlögl durch und durch gar wird. Als Garnitur
gibst du aparte gedünstete Erbsen, auch Champignons,
eine Schale voll Lemonyscheiben und die gewünschten Salate.

Gebackene, gefüllte Kalbsscheiben.

Du nimmst: Scheiben, die du aus dem Schlögl dünn
schneidest, Sardellenbutter, geschlagenes Eyweiß,
Semmelbrösel, zum Backen halb frisches Rindsfett,
halb Butter.
Die Scheiben, die dünn und von zierlicher Größe
sein sollen, klopfest du ein wenig, bestreichst sie dann
je auf eyner Seite mit Sardellenbutter. Lege sie zu
zwei und zwei aufeinander, so, daß die Butterseite
immer innen ist. Drehe und wende sie sorgsam im
geschlagenen Eyweiß und hernach in den Bröseln und
backe sie in Butter und Rindsfett aus. Dazu paßt
jeder Salat.

Schlögl oder Kalbsbraten auf Stettiner Art.

Du nimmst: 1 kleineren, zarten Schlögl oder schönen
Braten, 1 l Milch, Wurzelwerk, 1 paar Nägl, Muskat-
nuß, 1 Stücke Ingwer, Salz, Speck zum Spicken.
Koche die Milch mit dem Wurzelwerk, dem Salz

und den Gewürzen auf. Den abgehäutelten Schlögl spickst du, legst ihn in ein Kasserol und gießest die kochendheiße Milch darüber. So laß es den Tag und die Nacht stehen, geh aber von Zeit zu Zeit hin und dreh den Schlögl in der Milch um. Nun thue den Schlögl auf eyn Glutl, gieß aber vorher etwa die Hälfte von der Milch in ein Höferl, das du aparte warm stellst. So hast du immer warme Milch zum Nachgießen. Thue in das Kasserol mit dem Schlögl, der Milch, den Gewürzen und Wurzeln noch ein schönes Stück Butter und dünste die Speise gar wie Kalbsschlögl sonsten.

Kalbsschlögl mit Buttermilch.

Diese Speise ist sehr gut für Familien auf dem Land, wo man nicht immer zum Metzger gehen kann, um frisches Fleisch zu kaufen, sondern auch etwas aufheben muß.
Du nimmst: 1 schönen Kalbsschlögl, reichlich Buttermilch, Speckscheiben, Butter, Kalbfleischabfälle sowie die Abfälle von Schinken (roh), paar Zwifln, Majoran, Basilikum, rote Rüben, Pfeffer- und Wacholderkörner, Petersil, etwas Mehl, Milch oder Obers.
Das Fleisch wird für einige Tage in Buttermilch gelegt, daß es ganz einfach bedeckt ist. Nach 2 Tagen muß die Milch weggeschüttet und frische Buttermilch daran gethan werden. So verfahre, bis du es zubereiten willst: Dann wasche es rasch ab, trockne es mit einem reinen Tuch ab und reibe es mit Salz ein, laß es dann aber niemals liegen, sondern thue es gleich in ein Kasserol, wo du den Boden schon mit Speckscheiben ausgelegt hast. Nun thue dazu die Fleisch- und Rollschinkenabfälle, Zwifln, Lorbeer-

blätter und die anderen Gewürze und Wurzeln und laß den Schlögl, den du fleißig begießt, wohl 1 Stunde braten. Dann bestreust du ihn mit Mehl oder Semmelbrösel oder einer Spur Zucker, so wird er schön braun, und bratest ihn fertig, wozu du noch etwa $^{1}/_{2}$ 1 Milch oder Obers gießest, so nach und nach mit Gefühl.

Dafür kannst du auch sehr gut eine Kalbsbrust nehmen, die du wie vorhin beschrieben vorbereitest.

❧❀❦ ❧❀❦ ❧❀❦ ❧❀❦

Tagebuchnotiz 1795

Ich habe immer gemeint, daß das Umbringen von Krebsen, aber viel mehr noch von Schildkröthen, auch nichts anderes ist, als Hühner, Gänse oder Tauben für die Tafel herzurichten, gemacht habe ich selber das alles nie, da äße ich lieber mein gantzes Leben Zuspeis! Denn das Töthen ist etwas Schreckliches, damit der Mensch alles zusammenfressen kann. Die Krebse werden in kochendes Wasser geworfen, den Tauben reißt man die Köpfe ab. Gänse und Enten erwürgt man oder sticht sie durch die Ohren, damit etwas Bluth herauslaufen kann, worauf man sie an den Füßen aufhängt, damit das Bluth sich alles in den Hals zieht und die Gans schön weiß bleibt. Dem Puter hackt man den Kopf ab. Aber sie leben alle noch eyne Weile, die gestochenen Hühner rennen oft noch im Hof umher, und die anderen Hühner rennen ihnen nach und pecken sie, wirft man ihnen dann die Gedärme hin, fressen sie sie so gierig, daß manche daran ersticken.

Warum ist eyne Schildkröthe etwas Besseres als eyn junges Kalbl, das den Schlächter anschaut, und er sticht es doch? Damals in Wien, bey der Tante Amélie, Gott laß sie selig ruhn, bin ich zum Laxenburger Teich gekommen, um den rundherum die schönen Weiden stehen. Es gab am nächsten Tag eyn Festessen. Da haben so viele Viecher daran glauben müssen, auch die große Schildkröthe aus dem Griechenland.

Warum ist eyne Schildkröthe etwas Besseres als eyne Gans, die man zurichtet wie eynen Auerhahn: man gießt ihr, lebendig, Rosenessig in den Hals und hängt sie an den Füßen auf, bis sie erstarrt? Aber danach haben sie mich, die Landpomeranze, nicht gefragt. Um den Tod der Schildkröthe haben sie mich gefragt, zwischen den Bootsfahrten. Zwischendurch saß ich mit meinem très cher cousin Franz unter den Weiden und habe geweint. Der Franz küßte meine Hand, auf die die Tränen fielen, doch ich war ja schon verlobt.

Ich habe erzählt, wie sie die Schildkröthe aus dem Griechenlande gethötet haben: sie hockte da und schaute mit ihren schwarzen Augen aus dem Panzer grad nur hervor. Alles hatte sie eingezogen, denn ganz bestimmt hatte sie Angst. Da hielt man ihr eyn glühendes Eisen auf den Rücken. Ihr Kopf und die Pratzln kamen hervor von der Hitzen. Da hieb ihr der Hans blitzschnell den Kopf, dann die Pfoten und den Schweif herunter. Das Bluth haben sie aufgefangen, weil es für die Zubereitung gebraucht wird. Dann haben sie sie aufgehängt, zum Ausbluthen.

Ich erzählte, daß man der Schildkröthe, wenn sie ausgebluthet ist, den Bauchschild ablöst. Dann nimmt man die Eingeweide heraus und wirft alles weg. Die kleinen gelben Eyer hebt man auf, die kommen in die Suppen, aber erst vorm Anrichten. Denn thuet man sie zu früh hinein, werden sie hart. Ja, und das Fleisch muß auswässern.

»Wie anschaulich du das erzählst«, sagte die schöne Maria Antonia von Wallerburg. »Als machte es dir Freude.«

Sie schloß vor lauter Entsetzen über mich ihre falschen Augen: ja, falsch war sie, das erkannte ich jetzt, da sie that, als müßte sie in Ohnmacht fallen, und der Franz fing sie gerade noch auf. Er sagte: »Die Anna Maria hat eine Schwäche für die Kochkunst.«

Ich war traurig, weil der Franz sie hielt, ich wollte sagen: warum ist eyne Schildkröthe etwas Besseres als eyn Kalbl oder eyne Gans, der man Rosenessig in den Hals gießt? Der Mensch, der Herr der Schöpfung, frißt eben alles zusammen! Aber alle schauten mich an, als hätte ich die Schildkröthe selber umgebracht. So lief ich zum Teich und weinte.

Die Maria Antonia hat dann beym Festessen dreimal von der Schildkröthensuppen genommen. »Quelle délicatesse«, hat sie gesagt. Der Franz und ich haben keinen Bissen und keinen Schluck hinuntergebracht.

❖ ❖ ❖ ❖

Gedämpfter Schlögl auf französische Art.

Du nimmst: 1 kleinere Kalbskeule, gewöhnlichen Speck sowie geräucherten, 1 gehackten Zwifl, 1 Handvoll Küchenkräuter, Gewürze nach Geschmack, Salz, Lemony- und Pomeranzenscheiben, Wurzelwerk, 1 gute Bouillon, Weißwein, Cognac, Butter, Honig oder Zucker.

Spicke die Kalbskeule mit gröblichem Speck, den

du vorher in einem Gemenge von gehacktem Zwifl, Kräutern und Gewürz hin und her gewendet hast. In ein Kasserol legst du die sodann mit Salz bestreute Keule auf ein Bett von geräuchertem Speck, Wurzelwerk, Lemony- und Pomeranzenscheiben, Weißwein und Cognak gießest du darüber sowie die Bouillon, würzest und gibst auch ein Theelöffelchen voll Honig oder Zucker daran. Nun setz auf ein Glutl und laß schön garen, von unten wie von oben. Die Sauce streich dann durch ein Sieb, verfeinere noch mit einem Stückl Butter, schneide das Fleisch schön auf und serviere es zusammen mit der Sauce.

Falscher Kalbsschlögl.

Eine Speise, die nach viel ausschaut und wenig kostet.
Du nimmst: 1 schöne, große Kalbsbrust. Speck zum Spicken.
Koche die Kalbsbrust in Salzwasser, bis man die Rippen herausziehen kann. Leg sie zum Auskühlen zwischen zwei Bretter und presse sie so zusammen, daß du auf das obere Brett einen schweren Stein oder Gewichte legest. Wenn das Fleisch ausgekühlt ist, spicke es und salze lind nach. Hernach kannst du es wie einen Schlögl dünsten.

Vom Rind.

-⚜-❀-⚜-

Piftex.*

Diese Speise gilt jetzo sehr viel, ich weiß nicht, warum, mir kommt sie nicht so geschmackreich vor.

Du nimmst: 1 abgelegenes Lungenpratl, Salz, Pfeffer, Butter, etwas Rindsuppe, allfalls auch Mehl, Schweinsschmalz, Senf.

Thue das Lungenpratl in eine Leinwand einhüllen und klopf es gut. Thue es wieder heraus, löse Fett und Häutln ab. Schneide das Pratl schief in Scheiben, so dick wie dein Daumen, rück sie in eine artige Fasson und leg die Scheiben aufeinander bis zur Verwendung. Nun bestreust du jede fein mit Salz und Pfeffer. In einer Pfanne machst du Butter schön heiß und bratest die Scheiben kurz auf beyden Seiten, du mußt achten darauf, daß sie sich nicht anbrennen, so rück sie öfters hin und her. Mach alles nicht zu lange, sonst werden sie hart und zähe. Thue sie nun in eine heiße Schüssel, gieße zum bratenen Saft Rindsuppe und kannst es auftragen.

Sie müssen inwendig rötlich und saftig sein. Will man sie aber durchbraten, so mußt du sie nach dem Salzen und Pfeffern am Anfang auch mit Mehl bestreuen, so fließt der Saft nicht heraus, weil sich ein Krustl bildet, welches dem Ausfließen hinderlich ist. Da machst du sie besser mit Schweinsschmalz statt Butter, und du läßt sie länger darin braten auf beyden Seiten. Thue sie dann heraus und verfahre

* Beefsteak.

wegen dem Saft wie vorhero. Es passen sehr gut
gröste* Erdäpfel dazu, und gib auch Senf auf den
Tisch.

Piftex mit Zwifl.

Du nimmst alles wie vorhero, dazu Zwifl. Mach schon
vorhero Butter heiß und braun, thue viel feingeschnittenen Zwifl hinein, rühre gut, laß braun
werden. Schieb dann den Zwifl in der Pfanne
aparte, daß du Platz für das Fleisch hast, verfahre
nun wie vorhero mit dem Fleischbraten. Ist es gar,
leg hübsch die braunen Zwifln darauf.

Piftex mit Spiegeley.

Verfahre wie vorhero mit dem Schneiden vom
Lungenpratl, Würzen und dem kurz in Butter auf
beyden Seiten Braten. Zum Anrichten thue auf
jedes Stück 1 Ey, bestreu es mit gehacktem Petersil und Salz. Du gibst es auf den Tisch, wenn das
Weiße vom Ey stockt von der Hitzen vom Fleisch.

Teutsche Piftex.

Du nimmst: $^1/_2$ kg mageres Rindfleisch, $^1/_8$ kg Nierenfett, Salz, Pfeffer, Butter, etwas Rindsuppe (oder nur
Wasser).
Wenn die Teutschen kein gutes Lungenpratl haben,
helfen sie sich so: Du nimmst auf $^1/_2$ kg mageres
Rindfleisch $^1/_8$ kg Nierenfett. Schneide das Fleisch
und das Fett in Würfel, vorhero thue die Sehnen
und Häutln weg, hacke alles mit dem Messer fein,
wiege es mit dem Wiegemesser. Forme runde Piftex,

* geröstete.

so dick wie dein Zeigefinger, du mußt aus dieser Masse 5 Stücke formen. Bestreue nun beyde Seiten mit Salz und etwas Pfeffer. In einer passenden Pfanne mach Butter heiß, lege die Piftex hinein, schiebe sie hin und her, damit sie nicht anbrennen, laß sie auf beyden Seiten schön braten, nicht lange, sonst sind sie inwendig nicht mehr rötlich und verlieren den Saft, so daß sie hart werden. Du darfst auch keine Piftex gesalzen aufheben, das macht sie zäh. Gib die fertigen in eine heiße Schüssel. Den Saft in der Pfanne gieße mit Suppen auf, die Teutschen nehmen auch schieres Wasser, rühre gut um und bringe Fleisch und Sauce rasch auf den Tisch. Dazu passen sehr gut gebratene Erdäpfel, auch Gemüse oder weißes Brot. Es schmecken auch Senf und Zuckergurken dazu als Garnierung.

Rohe Piftex.

Man kann das auch essen. Dafür schabst du $^1/_2$ kg mürbes, mageres Rindfleisch aus den Fasern, mischst mit Öl, Salz, Pfeffer und etwas Essig, machst kleine Scheiben. Bestreue mit gehackten Cappern, Eyern und Zwifl, reiche Senf dazu. Es ist ein ordöwer*.

Den Poeuf lamott zu machen**.

Du nimmst: 1 Stück Ochsenfleisch, 4—5 kg, es kann das Blumenstück seyn oder von eynem jungen Ochsen das Schwanzstück, dazu Salz, Pfeffer, Nelkenpfeffer, 1 Schale voll Lemonyscheiben, 4 Lorbeerblätter, 6 dkg Butter oder Nierenfetten, Suppe oder Wasser, 1 Eßlöffel Mehl, 1 Eßlöffel Essig, allfalls

* Horsd'œuvre.
** Bœuf à la mode (Schmorbraten).

Trüffeln, Champignons, Kastanien oder eyn Gemüse, es können auch Erdäpfel seyn.

Das Fleisch klopfen, salzen, mit Pfeffer und Nelkenpfeffer einreiben. In eyn Kasserol Butter oder Nierenfett geben, gelb werden lassen. Das Fleisch mit dem Mehl bestreuen und in die Fetten thuen. Brate es von allen Seiten an, bis es gelb ist, du sollst aber nicht hineinstechen, sonst rinnt der Saft aus, nur hin und her schieben. Thue kochendes Wasser von der Seiten hinzugießen, das Fleisch soll bis über die Hälfte bedeckt sein. Das Kasserol zudecken, auf niederem Glutl eineinhalb Stunden gutt dünsten. Thue es umdrehen und die Schale voll Lemonyscheiben, fein geschnitten, dazu, auch die 4 Lorbeerblätter, deck das Kasserol wieder gutt zu und laß dünsten, das dauert 2—2$^{1}/_{2}$ Stunden: Ist die Sauce zu wenig und zu dick, gib heißes Wasser dazu oder eine gutte Suppen, mir ist das lieber. Nun kannst du das Fleisch anrichten, mit eynigen Löffeln Sauce darüber, die Sauce sonst gibst du aparte. Wenn du das Poeuflamott schon am Tag vorher machst, kannst du es gut abfetten, manche Leute wollen es so. Nimmst du das Poeuflamott als Vorspeis, passen sehr gutt Kastanien, Trüffeln und Champignons dazu. Sonst ist es gutt zu Gemüsen, es passen auch die Erdäpfel dazu.

Gedünsteter Brustkern mit Schwammerln.

Du nimmst: 1 schönes Stück Brustkern, gute Rindsfetten oder Butter, Salz, Pfeffer, Zwifln, gelbe Rüben, Petersil, Körbelkraut, ganz wenig Dillkraut, Rahm, Lemonysaft und Schölerl, 2 Handvoll Pilzlinge, weiße Grundsuppe, eine Spur Mehl.

Thue in ein Kasserol Rindsfetten oder Butter, die

zerschnittenen Zwifln, Rüben, Kräuter. Leg das Fleisch darauf, salze es, thue die Pfefferkörner darauf, laß dünsten, gieße mit weißer Grundsuppe nur wenig auf. Ist das Fleisch weich, thue es heraus, staube das Mehl darüber, rühr durch, gieß mit noch etwas Suppe auf, wenn nöthig. Passiere den Inhalt des Kasserols, leg die halbierten oder geviertelten Pilze hinein, das Fleisch dazu, laß eine kleine Weile dünsten, thue dann den Rahm dazu und die geriebene Lemonyschölerl und den Saft. So ist es gutt.

Tagebuchnotiz   Dezember 1796

Eckhart geht zur Hausmusik oder die Leuth kurieren, vom Bölzl-Schießen hält er nichts, ich geh' gantz gern hin. Am schönsten ist die Poesie auf den Schießscheiben, ich kann mir die Figuren und die Sprüche nicht genug anschauen.
Weil die Pepperl jetzt vor lauter Liebeskummer die Nägel beißt, hab' ich sie mitgenommen und ihr die schöne alte Scheiben gezeigt, die auf die Kammerjungfer der Komtesse Firmian gegangen ist: Catherl hat sie geheißen und war immer auf Bräutigamjagd, und nie hat sie eynen erwischt.
Auf der Scheiben sieht man die Catherl nägelbeißend, und dazu steht der Spruch:
»An Hertzbrand leid ich stark! Herz bleibt meine liebste Farbe.
Und wenn ich viele Jahre noch als eine Jungfer darbe; so geht's auf d' finger los, weil ich stets Nägel beiße, Bekomm ich keinen Mann! dann auf die Welt ich sch . . . e.«

Krenfleisch.

Du nimmst: 1 schönes Stück Rindfleisch, sowie
schöne Knochen, Zwifln, Wurzeln, Petersil, Lemonyschölerl, Pfefferkörner, paar Speckscheiben, Basilikum, Weinessig, leichten Weißwein, Salz, Zucker,
etwas Mehl, fein geschnittenen Kren.
Koch das Fleisch mit den Knochen und ein paar
Wurzeln ¾ weich. Salzen nicht vergessen! In ein
Kasserol thue auf den Boden Speckscheiben, fein und
dünn geschnitten, darauf lege gewürfelte Wurzeln,
manche schneide auch dünnblättrig, daß es eine
schöne Abwechslung gibt, sowie gehackten Petersil,
abgeriebene Lemonyschölerl und einige Pfefferkörner
sowie Basilikum. Wenn du den nicht hast, macht es
nichts. Darüber thue das Fleisch. Salze leicht und
laß alles andünsten. Nun streue etwas Mehl darüber,
laß dann auf kleinem Glutl fertigdünsten. In ein
anderes Kasserol thue auf den Boden fein geschnittenen Kren, streue etwas Zucker dazu. Leg das Fleisch
darauf, passiere die Sauce darüber, gieß mit der
Suppe auf und laß es durchkochen. So ist es gutt.

Saftige Rostbratel zu bereiten.

Du nimmst: 1 schönes Rostbratel, Wurzelwerk,
Pfefferkörner, Speck, Neugewürz, paar gehackte
frische Kräuter, Schmalz, 1 Stückl Kren, nicht
breiter und dicker als dein Daumen, Salz, Most,
Lemonyschölerl.
Zieh die Häuteln ab vom Fleisch, thue die Wurzeln
in ein Kasserol auf dünne Speckscheiben, leg das
Fleisch, das du vorher rasch auf allen Seiten in
etwas Schmalz angebraten hast, darauf. Schäle und
schneide den Kren recht fein, thue ihn auch dazu.
Salze, leg die Kräuter darüber und die Körndln.

Laß kurz andünsten, gieß dann mit Most auf, daß es zur Hälfte bedeckt ist, laß weiterdünsten, wobei du gut zudeckst. Allfalls mußt du etwas Wasser nachgeben. Ist das Fleisch weich, thue es heraus, passiere Wurzeln, Kräuter und was sonst im Kasserol ist darüber, leg in die Sauce, die schön dick sein muß, das Fleisch hinein, reib die Lemony-schölerl darüber, laß nochmals aufkochen und trag's zu Tisch.

Sauerbraten.

Sehr gutt, wenn du eine teutsche Tafel machst. Meyn Eckhart kann es nicht leiden.

Du nimmst: 1 guttes, fettes Schwanzstück vom Ochsen, auch Blumenstück geheißen, oder: 1 Zungenstück, etwa 3 kg schwer, Bieressig, 4 Zwifln, mittelgroß, 3 Lorbeerblätter, 8 Nägl, Speckstreifen, nicht zu dünn, halb so lange geschnitten wie dein Zeigefinger ist, Salz, Nelkenpfeffer, Butter, 1 Eßlöffel Mehl, 3 kleine rote Rüben, 1 Stück Honigkuchen, 1 gutte Schale voll süßen Rahm, allfalls eine Schale Milch, allfalls 1 Löffel Honig, allfalls 1 kleine Hand voll Weinbeerln.

Thue das Fleisch in den Bieressig, der ist besser für den Sauerbraten als Weinessig. Darein darfst du es aber nicht in eynen rohen Essig thuen, koche ihn vorher mit den Gewürzen auf und gieße ihn heiß über das Fleisch. Die Gewürtze zum Aufkochen sind 4 Zwifln, die 3 Lorbeerblätter und die 8 Näglein. Du läßt das Fleisch im Winter 1–2 Wochen im gewürzten Essig liegen, im Sommer 3–4 Tage, mußt es aber täglich umdrehen darein, mache es nicht mit der Hand! Stell es so kalt, wie du kannst. Vor dem Braten trockne das Fleisch ab, spicke es mit

den Speckstreifen, die du vorher in Salz und
Nelkenpfeffer gedreht hast, salze dann den ganzen
Braten, aber nicht zu grob. In einem Kasserol
mach Butter heiß, thue das Fleisch hinein, laß es
von allen Seiten schön gelb werden. Nun streu
1 Eßlöffel Mehl in das Fett, laß auch Farb annehmen, dann gieß von der Seiten so viel heißes Wasser
hinzu, daß das Fleisch zur Hälfte bedeckt ist. Gutt
zudecken. Nun thue die Rüben, den Zwifl, den
geriebenen Honigkuchen und den Essig, in dem das
Fleisch gelegen, dazu, laß gutte 2–2$\frac{1}{2}$ Stunden bey
zuenem Deckel* dünsten. Wenn nöthig, noch heißes
Wasser dazugeben, 1mal wenden. Wenn es fertig
ist, den süßen Rahm hineingeben, ist es zu sauer
und dunkel, die Schale Milch und den Honig dazu.
Du kannst es durchseihen, es ist aber auch so recht.
Manche Teutsche haben auch sehr gern Weinbeerln
darin.

* zugedeckt.

Vom Schwein.

Gehackte Coteletts.

Diese sehr saftige und schmackhafte Speise macht
man aus Schlöglfleisch von Kalb und Schwein.
Wenn du sparen willst, kannst du auch minderes
Fleisch nehmen. Du mußt nur achten, daß du alle
Häuteln, Flachsen und Sehnen herausschneidest,
und das Fleisch mußt du besonders fein hacken,
damit man das Derbere daran nicht schmeckt.
Du nimmst: gleich viel Fleisch aus den Schlögln
von Kalb und Schwein, Lemonyschölerl, Zwifl, Salz,
Pfeffer, Eygelb, Semmelbrösel, Butter.
Kalb- und Schweinefleisch von Häuteln und Fasern
putzen und fein zusammenhacken. Dazu Lemonyschölerl und Zwifl wiegen, salzen, pfeffern. Mit der
Hand schöne, cotelettartige Fassonen aus dem Gemenge formen, mit zerquirltem Eygelb bestreichen,
Semmelbrösel darüberstreuen. In Butter rasch auf
beiden Seiten braten, bist du zu langsam, trocknen
die Stücke aus. Dazu paßt jedes Gemüse, auf die du
die Coteletts zierlich legst. Bey größeren Essen ist
das aber nur eyne Vorspeise.
Eyne sehr gute und wirkungsvolle Vorspeise sind auch

Coteletts mit zweyerlei pikanten Saucen.

Du nimmst: schöne Coteletts, Mehl und Semmelbrösel, zerschlagenes Ey, Salz, Butter, Zwifl,
Lemony- und Pomeranzenschölerl, Lemony- und
Pomeranzensaft. Alles Nöthige für eyne Trüffelsauce
(dafür schau unter den Saucen nach).

Klopfe die Coteletts, schneide die Knochen heraus, salze sie, banniere sie mit Ey und eyner Mischung von Mehl und Bröseln. Aus den Knochen und Sehnen der Coteletts, dem Zwifl, den Schölerl von Lemony und Pomeranze und allfalls etwas Grundsuppe koche eyne starke Sauce. Seihe sie durch, lege die Coteletts hinein, dünste 1 Stunde. Mach die Sauce pikant durch Lemonysaft. Leg die Coteletts auf eyne gewärmte Schüssel, reiche den Saft aparte sowie eyne gute Trüffelsauce. Es paßt gut Reis dazu.

Kalenderblätter vom 6., 7. und 8. August, flüchtig beschrieben, offenbar eine »Rohfassung«   1797

Vorschlag für ein Hochzeitsessen (mittag) im August. Für die gnädige Frau Gräfin Barisani aufgeschrieben, die ihre Enkelin ausheiratet und mir die Ehre erwiesen, ihr eyne schöne, nicht zu theure Hochzeitstafel vorzuschlagen. Die Arme ist schon recht krank und alt, ihr Gemahl, der Herr Leibartzt vom allergnädigsten Ertzbischof, führt sich schon auf wie verwitwet.

Falsche Schildkrötensuppe
Rührey auf geräucherten Forellenfilets, mit Kräutern
Königin-Pastete mit versch. Saucen
gebr. Saiblinge und Reinanken, Salate
Krammetsvögel oder
Wachtelbrüstel auf Gansleber
Hirschziemer mit Krusteln, Weinbirnen, Preissel-
    beeren, wahlweise frische Apfelsauce, Croquetten
Lungenbraten mit Gemüsen, Butternudeln
Spanferkel am Spieß oder gefüllt, Salate

allerley Dorten, Backwerk, Obst, Käse, Gefrorenes, Früchte

Bier, Weiß- und Rotweine, Mineralwasser, viel Champagner

Am Abend, wenn schon alle angesoffen sind, muß man sich nicht mehr viel anthuen: man mache eyn kaltes Büffet, wozu man die schönen Fleischreste von Mittag verwenden kann, zierlich aufgeschnitten und angerichtet. Dazu reiche man geriebenen Kren, Sauce Tartare, allerley Senfe und viel Saures (Gurken und so weiter). Weiters lege Butterschnitten, Kaviar, Lemonyschnitze, vielerley Käse und was sich sonst noch schön anrichten läßt dazu, viel verschiedenes Gebäck, Schüsseln mit allerley Salaten, Früchte und Kuchen. Wenn man Glück hat, ist es schön, und man kann die Hochzeitsgäste im Garten halten, denn es ist ja schon schlimm genug, wenn sie einem die Tochter wegheiraten in eyn fremdes Haus. Aber wenn schlechtes Wetter ist und sie einem beym Feyern auch noch das gantze eygene Haus, das ohne die Tochter wie eyn Leichenhaus sein wird, anspeiben und ich will nicht sagen, was noch, dann kann eyner Mutter wohl das Herz im Leibe brechen.

Gefülltes Ferkel.

Die jungen Ferkel schmecken am besten, wenn sie zwei bis drei Wochen alt sind. Sie sollen nicht länger als 1 Tag abgestochen sein, ehe du sie in die Pfannen thuest. Laß sie vom Metzger herrichten, denn das Augenausstechen ist, so nöthig auch, eyne grausliche Sache.

Wasch das Milchferkel innen und außen gut, trockne es ab, reib es innen mit Pfeffer und Salz ein, außen bestreiche es mit Salzwasser. Thuest du es auf den Spieß, kannst du es innen auch mit Majoran und Kümmel einreiben.

Hast du es hergerichtet, thuest du es in die Pfannen mit dem Gesicht nach unten. In der Pfannen sollen Querhölzer sein, auf die du es legst. Thue wenig Wasser hinein, daß kein Dampf entsteht, sonst wird die Haut weich. Während des Bratens, das etwa $1^1/_2$ Stunden dauert, mußt du das Ferkel immer wieder mit eynem reinen Leinenfetzen abwischen, weil es schwitzt und die Nässe die Haut fleckig machen thäte. Damit es keine Blasen bekommt, mußt du es auch von Zeit zu Zeit mit eyner Nadel hineinstechen in die Haut. Nach eyner Weile schmier es mit Speck oder Butter oder träufle Öl darüber, das ist aber nicht so gut. Nach wieder eyner Weile streich die Haut mit Bier eyn, wisch es wieder weg und mach es noch eyn paarmal. Meinst du, daß es schon gar ist, mach mit eynem scharfen Messer eynen Schnitt am Hals rundherum, und zwar dort, wo der Kopf aufhört. So kann der Dampf aus dem Braten hinaus.

Trag das Ferkel auf eyner Schüssel auf, die mit Kresse und kleinen Erdäpfeln, gebraten und mit Kräutern bestreut, ausgeschmückt ist, oder reiche Salate dazu oder Sauerkraut oder kalte Saucen nach Geschmack.

Füllen kannst du das Ferkel auf verschiedene Arten, ich habe am liebsten Leberfülle oder Rosinenfülle.

Für die Leberfülle brauchst du:

Semmelfülle, wie üblich, also in Milch eingeweichte und ausgedrückte Semmeln, dazu Salz, Muskathen, gehackte Kräuter. Das vermischest du mit: fein-geschnittenem, gekochtem Herz und Magen des

Tieres und der feingeschnittenen oder passierten rohen Leber. Du kannst auch das Beuschel* des Ferkels, wie alles andere in Salzwasser mit Kräutern gekocht und Pfefferkörnern, dazuthuen, sowie würfelig geschnittene Trüffeln. Kannst auch noch würzen, wenn du magst, mit Rosmarin und Koriander, oder Gundelkraut und Tripmadam. Näh dann gut zu und laß es, wie angegeben, braten. Gefüllte Ferkel kann man nach der halben Bratzeit sorgsam umdrehen, so hält die Fülle darin besser.

Mit Rosinenfülle:

Mach eynen Abtrieb aus Butter und Dottern. Thue abgerindelte Semmeln oder Weißbroth in Obers weichen und ausdrücken, füge sie zum Abtrieb, salze, thue gerieb. Muskathen oder Blüthe hinzu, sowie Rosinen und Stiftln von weißen Mandeln. Auch Pistazien machen sich gut darin. Vermische alles fein und füll es in das Ferkel, näh zu. Es muß eyne festere Fülle seyn, sonst rinnt sie dir beim Braten heraus. Die Fülle schneydest du dann auf und legst sie rund um das Ferkel auf die Servierschüssel.

Wie du eynen geräucherten Schinken kochst und aufträgst.

Thue den schönen, geräucherten Schinken über Nacht in Wasser. Sodann wasch ihn fest ab mit Weizenkleie und heißem Wasser, spül ihn und thue am besten so weiter, wenn du genügend Zeit hast: Stell ihn (du kannst Wurzeln dazuthun) in der Früh auf eyne heiße Stelle im Ofen, aber nicht so heiß, daß das Wasser zum Kochen gelangt, denn der Schinken soll darin nur ziehen. Das Wasser soll reichlich und der Topf groß genug seyn. Nun laß den

* Lunge und Herz.

Schinken bis zum nächsten Morgen so ziehen. So wird er am weichsten und zartesten, und das sanfte Ziehen verhindert auch, daß er sich äußerlich auslaugt oder zerkocht. Kannst du ihn nicht 24 Stunden stehen lassen, so koche ihn auf kleinem Glutl über 3 Stunden, nachher laß ihn noch etwa $1/_2$ Stunde in dieser Suppe ziehen. Aufkochen lassen mußt du ihn anfangs aber rasch. Ich gebe gern Wurzeln ins Kochwasser, sowie Kräuter, Körner und andere Gewürtze, denn ich verwende diese Suppe für die ordinäre Küche; um Bohnen oder Linsen über Nacht eynzuweichen, ist sie ganz vortrefflich, sie schmeckt dann so gut nach Fleisch, daß du keines mehr dazu reichen mußt!

Möchtest du den Schinken im Gantzen auftragen, richte ihn so her: Leg ihn aufs Schneydbrett und schneyde alles weg, was rundherum nicht so schön ausschaut. Die Schwarte löse, doch soll sie dranbleiben, daß man mit dem Messer gut ans Fleisch kann. Das Schinkenbeyn umhülle mit eynem schön fransig geschnittenen festen Papier, thue den Schinken auf die Servierschüssel. Bestreue ihn, wenn du magst, mit gehackten Kräutern. Es paßt jeder Salat dazu, sowie Erdäpfel oder Reis und fast alle Gemüse. Man kann ihn aber auch nur mit Senf, verschiedenen Saucen und feynem Weißbrot essen, auch mit selbstgebackenem Gewürtzbrot.

Die Nord-Teutschen haben eyne andere, wohlschmeckende Art, den Schinken aufzutragen: Sie ziehen die Schwarte ab, wenn er gekocht ist, und bestreichen an Stelle der Schwarte das Fleisch fest mit einer Mischung von geriebenem Schwarzbrot (oder Lebkuchen), Zucker, Zimt und Nelken.

Schinken mit Reis.

Du nimmst: $^1/_8$ kg Reis, Milch, 5 dkg Butter, 4 Eyer, $^1/_4$ kg Schinkenfleisch, 1 Handvoll Petersil, Butter, Semmelbrösel, Salz, Mürbteig oder Butterteig.

Koche den Reis in halb Milch, halb Wasser, welchem du Salz zusetzest, gar. Laß ihn auskühlen, thue die Butter hinein, sodann thue die 4 Eyergelb hinein und verrühre sie. Das Eyerweiß schlage zu Schnee, den du unterziehst. Das aparte gekochte Schinkenfleisch schneide feinblättrig, den gut verlesenen Peterl hacke. Nun thue in ein Kasserol Butter und Semmelbrösel, mach auf dem Boden eyn Bett aus Teig und fülle das Kasserol abwechselnd mit Lagen von Reis und Schinken mit Petersil. Back es im Backrohr und richte es mit grünem Salat mit Kräuteressig an.

Schinken in Madeirasoße.

Dem gekochten Schinken schneyde das Fett ab, bis auf eyn kleines Streifl, das du für den guten Geschmack brauchst. (Das weggeschnittene Fett kannst du in der Küche sehr gut verwenden.) Sodann schlichte ihn auf die Anrichteschüssel, feyngeschnittene Scheibe neben Scheibe, und übergieße die Scheiben mit folgender Sauce (sie soll sehr heiß sein):

Helle Kraftsuppe oder Grundsuppe nimmst du zum Aufgießen einer Einmach aus Butter und Mehl, würzest mit Salz, Lemonysaft und Kräuteressig. Laß aufkochen unter Rühren. Nun thuest du Trüffeln, Morcheln und Champignons dazu, würzest noch mit Pfeffer, gießest zuletzt $^1/_2$ Flasche bis 1 Flasche, je nach Größe, Madeira hinzu. Nun sehr heiß werden, doch nicht mehr kochen lassen. Über den Schinken gießen.

Dazu paßt sehr gutt dieser Reis: Koch ihn in Salz
und Butter schön weich, vermisch ihn mit Madeira,
Obers, 2 Eydottern und gerieb. Käse. Laß nochmals
gut heiß werden und richte ihn zum Schinken an.

Vom Hammel.

Ein Lammrücken, wie eyn Rehziemer zu bereiten.

Du nimmst: einen Rücken (junges Lamm), Kräuteln:
Bertram, Majoran, Rosmarin, Lorbeerblätter (2),
Scharlotten, wenig Thymian sowie Minze, alles feyn
gehackt, Nelkenpfeffer, 4 feyngestoßene Wacholder-
körndln, Salz, guten Rotwein, Essig, möglichst
Kräuteressig, Speck zum Spicken, Bratfett.
Häute den Lammrücken ab, reib ihn gut rundherum
mit der Kräutermischung eyn, sowie dem Salz und
den Gewürtzen. Thue ihn in eyn passendes Gefäß,
am besten irden. Gieße eyne Mischung aus gleich
viel Essig und Rotwein darüber, laß es etwa 4 Tage
im Keller stehen, dreh es 2–3 mal darin um. Nimm's
heraus, trockne es ab, spicke fein. Brat es wie eynen
Rehziemer unter fleißigem Begießen etwa eyne Stunde.

Eynen feynen Hammelschlögel oder Schöpsen zu braten.

Auf gewöhnliche Art brauchst du: 1 schönen Ham-
melschlögl, Salz, Essig, Scharlotten, Lorbeerblätter,
Nelkenpfeffer, Estragon, nach Belieben Kümmel und
Minze oder Salbey, 1 frische Gurke (das muß aber
nicht sein), Butter, Speck, Obers, nach Belieben
1 Teelöffel Senf und Honig.
Klopf den Schlögl recht von allen Seyten, wasch ihn
feyn und trockne ihn mit eynem reinen Tuch ab.

Salz ihn, thue ihn in eyne Bratpfanne, auf deren Boden schon Speckscheiben liegen, sowie Butter, welche du beide heiß machst, ehe der Schlögl hinein-kommt. Nun brate ihn blond an. Gieße kochend-heißes Wasser, vermischt mit $^1/_4$ der Wassermenge Essig, darüber. Magst du es nicht so angenehm pikant, laß den Essig weg. Nun würze mit den Gewürzen und Kräutern. Thuest du Minze hinein, laß den Salbey weg und umgekehrt. Ist 1 frische Gurke bey der Hand, so schäle und schneide sie würfelig und thue sie nach eyner Weile zum Braten, welcher an die 3 Stunden braucht. Du glaubst gar nicht, wie die Gurke die Bratensauce verbessert! Am besten gerät der Schlögl, den du immer wieder begießen sollst, wenn du ihn gut verschlossen brätst. Kurz ehe der Schlögl fertig ist, thue Obers dazu. Die Sauce passiere durch eyn Sieb, ist sie dir zu dünn, mach sie mit Erdäpfelmehl sämiger, 1 Theelöffel Senf hebt den Geschmack, wenn du ihn zuletzt einrührst, aber alles nochmals aufkochen lassen und gut durchrühren!

Der Theelöffel Honig gehört zu den Feynheiten der Kochkunst: ich thue ihn gern an Saucen jeder Art.

Von Innereyen.

Gedünstete Kalbsleber.

Du nimmst: 1 schöne Kalbsleber, Speck zum Spicken, Butter, Wurzelwerk, Gewürze nach Geschmack, Salz, 1 Glas Rotwein, Mehl, Lemonysaft und etwas geriebene Lemonyschölerl, Cappern. Etwas heiße Suppe. Allfalls Rahm.

Häute die Leber, lege sie kurz in kochendes Wasser, damit sie nicht so weichlich ist, denn sie läßt sich schwer spicken. Wenn sie kalt ist, spicke sie mit Speckstreifen, die du vorher in Salz und gestoßenen Gewürzen gewälzt hast. Thue sie mit Butter, Wurzeln und Gewürzen in ein Kasserol, laß anbraten und gieße dann den Rotwein darüber. Dünste kaum eyne Stunde mit gut geschlossenem Deckel, eynigemal gieße heiße Bouillon hinzu, damit du genug Sauce hast. Nun röste etwas Mehl in Butter, nimm die Leber aus der Sauce, füge das Buttermehl-Gemenge zur Sauce und laß durchkochen. Sodann seihe die Sauce durch ein Sieb, gib die Leber wieder hinein, laß nochmals aufkochen und füge Cappern und Lemonysaft hinzu, sowie eine Prise Salz (allfalls Rahm). Dazu paßt gut Reis, aber auch feine, breit geschnittene Nudeln.

Gefüllte Kalbsleber.

Du nimmst: 1 schöne Kalbsleber, fein gewiegten Speck, 4 Eyer, 2 Semmeln, etwas Milch, Salz, geriebene Muskatnuß, Grund- oder Kraftsuppe.
Häute die Leber und schneide sie so in dünne Scheiben der ganzen Breite nach, daß sie an den Seiten und am Grund gut zusammenhängen bleibt. Die Semmeln hast du vorher in Milch gethan und ausgedrückt. Daraus und von dem gewiegten Speck, den Eyern, Mukatnuß und Salz machst du eine

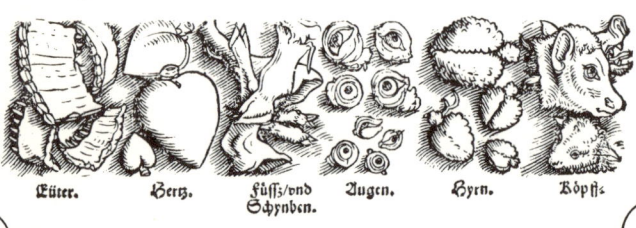

Eüter. Berg. Füſſ/vnd Augen. Oyrn. Köpff-
Schynben.

116

Farce*, die du zwischen die Scheiben füllst. Nun drücke die Leber sanft zusammen und binde sie mit einem starken Faden übers Kreuz zu. Thue sie in Butter oder auf Speckscheiben und laß sie 1 Stunde dünsten, wobei du immer wieder heiße Bouillon nachgießt. Viele geben kein Salz in die Farce, sondern salzen erst zuletzt, doch ist mir noch nie eyne Leber dieser Art hart geworden.

Leber mit Heringen.

Diese Speise schmeckt unseren Gaumen nicht. Doch hat man mitunter teutsche Gäste aus dem Norden, woher diese Speise stammt, und es ist eyne Artigkeit, ihnen etwas vorzusetzen, was sie kennen und gerne essen.

Du nimmst: 1 aufgeschnittene Kalbsleber, es kann auch eyne zarte Schweinsleber seyn, 1 ausgewässerten Hering, in Streifen geschnitten, 1 großen Zwifl, Semmelbrösel, Butter, Salz, Bouillon.

In eynen Höfen legst du abwechselnd Schichten von Leberschnitten und Heringstreifen, dazwischen legst du Zwiflscheiben und streust Brösel darüber. Mit reichlich Butter dünstest du ¾ Stunden und gießest mit der heißen Bouillon auf. Mit dem Salzen sey vorsichtig, da auch ein ausgewässerter Hering mitunter recht salzig bleibt. Dazu essen die Teutschen am liebsten Salzerdäpfel, die sie Kartoffeln nennen.

Leberkuchen oder Grenade von Kalbsleber.

Du nimmst: 1 Kalbsleber, 1–2 in Milch geweichte und ausgedrückte Semmeln, Butter, allerlei Gartenkräuter, 5 Eyer, gehackte Scharlotten oder Zwifl,

* Fülle.

Salz, Pfeffer, Muskatblüh, gewürfelten Speck, gewürfelte Semmeln, Speckscheiben, 1 Kalbsnetz.

Die Leber wird ausgeschabt und gehackt. Die in Milch geweichte und ausgedrückte Semmel rührst du mit Butter, gehackten Kräutern und 2 ganzen Eyern ab. Den gewürfelten Speck und die gewürfelten Semmeln brätst du in Butter, gibst die gehackten Scharlotten oder den Zwifl dazu. Alles vermengst du miteinander, gibst Salz und noch 3 Eyer dazu, das heißt das Gelbe: aus dem Weißen schlägst du Schnee, den du unterziehst, und nun würzest du mit Pfeffer und Muskatblüh. Eynen Kasserolenrand bestreichst du rundherum mit Butter, legst auf den Boden dünne Speckscheiben und darüber ein Kalbsnetz. Darüber füllst du die Lebermischung, ziehst das Netz oben zusammen und bäckst nun 1 gute Stunde oder noch länger. (Eyne Nadelprobe sagt dir, ob es innen noch blutig ist.) Dazu paßt sehr gut eyne Weinbeersauce, auch eyne aus Stachelbeeren.

Vom wilden Geflügel und Wildfleisch.

Eynen Auerhahn zu braten.

Wenn dir eyn Jäger eynen Auerhahn bringt, der leicht zu erlegen war, dann thue ihn gleich in die Erde eingraben, wozu du ihn in eynen Sack stecken mußt und so eyne Woche läßt. Nachher kannst du ihn noch immer nur zu Ragouts verwenden, weil er zäh und hart ist: eyn Auerhahn, den der Jäger leicht erwischt, ist eyn alter Esel, der vor lauter Balzen den Verstand verloren hat. Willst du eynen saftigen, weichen Braten haben, muß es eyn junger Auerhahn seyn!

Mache ihn bratfertig, fülle ihn so: Saftiges Kalbfleisch und fetter Rohschinken wird fein gehackt,
dazu gibst du süßen Rahm, Brösel, Salz, im Mörser
zerstoßene Nägl, auch Neugewürz und Eyerschnee.
Füll es hineyn, wickle noch Speckscheiben um seyne
Brust und laß ihn braten, wobey du ihn häufig mit
Butter begießest. Die Sauce verfeinerst du mit
süßem Rahm und Lemonysaft – welchen du auch
weglassen kannst und nur den Braten mit Lemonyscheiben bekränzest. Gib dazu Preiselbeeren.

Fasane im Speckhemd.

Auch bey den Fasanen rat ich dir, nur solche zu
nehmen, die gute, dir bekannte Jäger erlegt haben,
sonst gibt es nur Ärger! Und laß die Tiere, die man
dir bringt, mehrere Tage so hängen, wie sie sind.
Dann richte sie so zu:
Befreie sie von den Federn, hack ihnen die Köpfe
ab oder binde sie wenigstens zu mit bratfestem
Papier, spick ihre Brüste, wenn sie mager sind.
Sonst genügt es, ihnen Speckscheiben umzubinden.
Salze, thue sie in eyn Kasserol, oder besser, steck sie
auf den Spieß. Brate sie, während du sie sorgsam
mit Butter bestreichst – das Begießen mit Wasser
vertragen nur große, fette –, eyne gute Stunde. Thue
Rahm dazu. Wenn du sie im Kasserol brätst, thue
blaue Weintrauben hinzu kurz vor dem Garwerden.
Brätst du sie am Spieß, mach eyne Weintrauben-
sauce aparte.

Gemsenbraten.

Wenn dir ein Jäger einen schönen Gemsschlögl
bringt, gibt das ein feynes Gästeessen. Such dir eynes
der zwey Rezepte aus, die ich dir jetzt aufschreibe.

Auf alle diese Arten kannst du auch Reh- oder Hirschschlögl machen.

Sehr wichtig: Der Gemsschlögl muß gut abliegen und soll niemals von eynem älteren Tier seyn: den kriegst du nicht weich.

1. Art:

Dazu brauchst du: 1 Schlögl (Gemse, Reh oder Hirsch), etwa 10 dkg Schmalz, 1 großen Zwifl, Wurzeln von Sellerie, Peterl, 3 gelbe Rüben, 1 schwachen halben Liter Weinessig, Gewürze wie: Thymian, Majoran, allfalls Rosmarin, Lorbeer, Pfeffer, Ingwer, Koriander, Wacholderbeeren, Rahm, Salz, Speck, allfalls Rotwein, Lemonyschölerl und -saft.

Häute den abgelegenen Schlögl ab, klopfe ihn, thue ihn mit Salz und gestoßenen Wacholder-körndln einreiben. Spick ihn feyn. In eyner großen Bratpfanne laß das Schmalz heiß werden, thue den Zwifl und die Wurzeln hinein, die du vorher blattelig schneidest, rühr um. Manche gießen jetzt mit Wasser und Weinessig auf, thuen die Gewürze dazu und kochen den Sud eine Weile, ehe sie den Schlögl hineinthun. Ich lasse ihn lieber mit den Wurzeln auf kleinem Glutl anschmankeln, dreh ihn einmal um und gieße erst dann auf.

So dünstet er im Essigwasser 1–2 Stunden. Dann nimmst ihn heraus und bratest ihn in einer frischen Rein fertig. Begieße ihn mit dem Kochsud und Rahm. Die Sauce machst du aus dem Kochsud, den du abschmeckst und allfalls mit Rotwein ver-feinerst, sämiger wird sie durch Erdäpfelmehl, aber mach keinen Papp! Diese Wildsauce muß zart schmecken und soll dünn seyn. Du kannst sie auch mit Lemonyschölerl und Saft abschmecken und passieren.

2. Art:

Du nimmst 1 schönen Schlögl, allerley gestoßene Gewürze sowie Majoran und Thymian, Salz, Speck-schnitten, dazu Pomeranzensauce oder spanische Sauce und Garnitur aus gedünsteten Trüffeln.

Thue den hergerichteten Schlögl mit gestoßenem Gewürz, Salz, Majoran und Thymian einreiben, spicke ihn, umhülle ihn insgesamt mit großen Speckscheiben, binde ihn zusammen. Laß ihn langsam und schön gute 2 Stunden braten, wobei du ihn häufig mit folgender Mischung übergießt: Zu Rotwein, Essig und Wasser, die du in gleicher Menge mischest, thuest du noch Pfeffernelken und Ingwer sowie die gewöhnlichen Wurzeln (Sellerie, Peterl, gelbe Rüben), Scharlotten, Pastinak (alle Wurzeln blattelig geschnitten), Lorbeer, Neugewürz, einige Tannennadeln und wenig Salbeiblätteln. Koch's eyne gute Viertelstunde, schmeck mit Salz ab und fang dann das Begießen an.

Wenn der Schlögl fast gar ist, thue den Speck herunter und laß ihn offen fertig braten. So bekommt er die richtige Farbe. Aufgetragen wird er mit dem Bratensaft darüber und der Sauce aparte.

Zur Pomeranzensauce nimmst du braune Sauce (Grundrezept) und die vom Weiß befreyte, nudelig geschnittene Schale eyner Pomeranze, die du in Wasser fast garkochst. Sodann setze sie mit der braunen Sauce nochmals zu und thue etwas Rot-wein, Pomeranzen und Lemonysaft, etwas Honig und scharfen Pfeffer hinzu. Gut umrühren und auf-kochen lassen!

Wie man eine spanische Sauce macht, habe ich aufgeschrieben.

Die Hasen hier in Saltzburg sind eyn Dreck, der Franz Hohenwarter, mon très cher cousin, ist für eynen schlechten Hasenkäse nicht Hofrath in Wien geworden. Und Erbe des Tanten-Palais in Pentzing. Er schreibt, jetzt kann er heirathen, aber wen? Die Salomé Ponn hat mir frische Hasen, Krebse und Kapaunen aus St. Gilgen versprochen. Auch frische Eyer und Gemüsen vom Land. Sie bat mich, hier, in Saltzburg, Schokolade, Kerzen und Garn einzukaufen, weil's das in St. Gilgen nicht so gutt (und sehr teuer) gibt.

Die Pepperl ist schon 22, so eyn Akzessist von der Saltzburger Zolladministration interessiert sich sehr für sie. Er bläst, nebenbey, das Horn.

Er ist aus der Adlgasser-Familie. Seinen Onkel, den Hoforganisten, hat damals, ich glaube, es war 1777, während des Hochamtes der Schlag getroffen. Mein Ecklein will darüber nicht reden, obgleich er ihn verartztet hat. Ich war ein Kind, damals, manchmal glaube ich, Eckhart und mich trennen Jahrhunderte, nicht 25 Lentze . . .

Ich lief zum Friedhof. An Wolf Dietrichs Grab legte ich eine Rose hin. Du großer Erzbischof Wolf Dietrich, voll von Sünden, und Du, Salomé Alt! Ihr müßt nicht im Toth zusammenliegen, Euch war dieses Glück zur Lebenszeit vergönnt. Ich bin in Leben und Toth mit meinem Eckhart zusammen. O Salomé Alt, ich werde nie wissen, wie die Sünde schmeckt!

Gott verzeihe mir alle meyne Gedanken. Ob es vom Mondsee auch Saiblinge geben wird? Aber der Hohenwarter kommt ja nicht wegen des Essens . . .

MONDSEE BEY SCHÄRFLING,

Rebhendln zu braten.

Nimm nur solche, die dein Mann oder eyn sonstiger guter Jäger erlegt hat, andere taugen selten etwas und machen dir eyne Tafel mit trockenen Knochen! Du nimmst: schöne, fette Rebhendln, Speck, Weintraubenblätter, Butter, Salz, sauren Rahm, Wasser. Richt die Hendln her, spick ihre Brüste, salze sie, leg um jedes Weintraubenblätter, die du festbindest. Thue sie in Butter in eyn Kasserol, deck zu, laß braten auf kleinem Glutl. Gieß von der Seiten hin und wieder heißes Wasser zu. Nach eyner Stunde gieß kleinweis Rahm hinzu, auch zerschmolzenen, frischen Butter.

Die Weinblätter und der Speck bleiben meistens nicht daran. Das macht aber nichts. Reiche sie aparte, wenn du anrichtest, jeder Gast nimmt gerne davon.

Rebhendln mit Sardellensauce.

Du nimmst: Rebhendln, Rindsuppen, Butter, Mehl, Rahm, Lemonyschölerl, Lemonysaft, Sardellen, halbiert, gewässert und saubergemacht.

Laß ein Butter zergehen, mach eine kleine Einbrenn daraus, gieß mit Rindsuppen auf. Rahm, Lemonyschöllerl und Gewürze daran.

Thue die Rebhendln in einer Rein braten. Wenn sie fertig sind, zertheile sie, leg's in die Rein zurück. Halt sie warm. Schneid die Sardellen schön klein, rühr sie in Butter ab, thue sie in die Sauce, laß mehr ziehen als kochen, gib Lemonysaft dazu! Koste, ob's noch Salz oder Gewürz braucht. Du kannst die Sauce gleich über die zertheilten Rebhendln gießen und so anrichten, du kannst sie auch aparte geben. Zu dieser Sardellensauce schmeckt statt Rebhendln auch sehr gut eine geselchte Zungen vom Ochsen.

Tauben.

Junge Tauben kannst du wie Hendln backen: in Mehl, Ey und Brösel oder in Backteigen jeder Art. Dazu theilest du jeden Vogel in vier Stücklein. Köpfe und Mägen kannst du für das Gesinde backen. Backe dazu auch Petersilie heraus. Es schmeckt am besten mit frischem Salat, den du mit verlorenen Eyern oder abgeschälten weichen Eyern ausgiebiger machst und zugleich schmückst.

Recht gut schmeckt diese Speise auch, wenn du die gebackenen Tauben am Tisch mit heißer Sardellenbutter begießest sowie allfalls auch Lemonysaft darübertropfest. Statt der Tauben kannst du natürlich auch junge Hendln nehmen.

Sind die Tauben gar klein oder hast du eine andere Kleinvogelart zuzubereiten, dann richt sie her, wasch und salze sie. Thue sie in ein Kasserol, in dem schon Speck und Zwifelscheiben sind, träufle Butter und Öl darüber, streue auch Weißbrotkrümel dazu und etwas weißen Pfeffer. Dreh um und gieße mit eyner halben Tasse Weißwein auf. Du kannst auch etwas Lemonysaft dazuthuen.

Wildenten und Krammetsvögel.

Die wilden Enten bereitest du wie die zahmen aus deinem Geflügelhof nach jedem Rezept. Sind sie mager, rate ich dir, sie mit Rahmsauce zu machen, wozu sehr gut Serviettenknödel passen.

Krammetsvögel schmecken sehr gut, geben aber nicht viel her. Thue sie mit mehr Butter, als sie wiegen, etwa auf ein Dutzend Vögel 20 dkg Butter, in eyne gut verschließbare Bratform, rangiere sie eng. Vergiß nicht, sie zu salzen, aber lind! Brat sie auf kleinem Glutl, sonst trocknen sie aus.

Fleischkuchen.

Grenade von Kalbszungen.

Dieses Gericht sieht auf der Tafel gut aus und schmeckt auch gut. Wobey es den großen Vortheil hat, daß du viele Reste verwenden kannst, von denen du nicht weißt, was du damit machen sollst, und die Gäste werden dich für deine gute Fantasie loben.

Du nimmst: 5 Kalbszungen, feine Kräuter, Speck, Semmeln, Butter, Semmelbrösel, geriebene Muskatnuß, 1 Gläschen Cognak, Champignons, Trüffeln oder Morcheln, und an Resten, was du daheim hast. Koche 5 Zungen nicht ganz weich, ziehe ihnen die Haut ab, schneide sie der Länge nach in Scheiben. Feine Kräuter: Thymian, Majoran, Basilikum, Estragon, Petersil, Scharlotten, Schnittlauch, Sauerampfer und Kerbel – was du nicht hast, kannst du weglassen – hacke ganz fein. In einem Kasserol läßt du Butter zerlaufen und gibst die Zungen und die Kräuter hinein, salze und pfeffere und laß es etwas schwitzen. Aus faschiertem Kalbfleisch und allem, was du im Haus hast, sey es eyn Bratenrest oder Hühnerklein, Leberreste und Champignons, kannst auch Trüffeln hineingeben oder Morcheln, du mußt aber alles fein zerschneiden, machst du ein Gemisch, das du salzest, mit geriebener Muskatnuß und einem Gläschen Cognak versetzest und gut abrührst. Eyn Kasserol streiche mit Butter aus, lege Speckscheiben auf den Grund und die Zungenschnitten mit den Kräutern darauf. Streiche das Gemisch darüber, sodann zerquirltes Ey, gib Semmelbrösel darüber und laß es 1 gute Stunde im Rohr backen. Die Speise wird auf eine vorgewärmte Platte gestürzt, den Speck thue weg, so daß die Zungenstücke schön obenauf liegen. Es paßt sehr gut eyne Pomeranzensauce oder eyne von Lemony, fast jede Fruchtsauce dazu.

Königskuchen von Wildpret.

Du kannst die Speise aus Reh, Hasen oder anderem Wildpret machen. Wenn du einen ungebeizten Rehschlögl hast, ist das sehr gut, es geht aber auch mit Schultern und Hals vom Reh oder mit den Keulen und vorderen Füßen eines Hasen, auch mit den hinteren Stücken: kurzum mit allem.

Du nimmst: beliebig Fleisch, geschabt, $1/4$ des Fleischgewichts reines Rinderfett, Salz, etwa soviel Weißbrot, wie Fasch ist, feine Kräuter, Butter, Eyer, Gewürtze (Pfeffer, Neugewürz, Muskathen), schönen weißen Speck, gewürfelt, schönes weißes Schmalz, frische grüne Blätter (Weichsel, Weinlaub).

Befrey das rohe Fleisch von Sehnen und Häutchen, schab es fein aus der Haut heraus. Hack es mit dem Rindsfett und etwas Salz. Soviel abgerindete Semmeln oder Weißbrot, wie das Fasch wiegt, weiche in Rotwein ein (oder in guter Suppe), drück sie dann aus und thue sie zum Fasch, sowie eyne Handvoll feyne Kräuter, feyn gehackt, etwas Butter und eynige Eyer sowie Gewürtze: Salz, Pfeffer, Neugewürz, Muskathen. Stoß alles fein im Mörser. Nun kommt etwa $1/4$ des Gewichtes an schönem weißen Speck, in feine Würfel geschnitten, hinzu, die Dotter von mindestens 4 Eyern, das Weiße schlag zu Schnee und zieh ihn vorsichtig unter die gut vermischte Masse. Nun lege eine Kuchenform,

die du mit Butter oder Schmalz ausgeschmiert hast,
mit Pergamentpapier aus, fülle die Fleischgateau-
Masse hinein, daß sie 2 Finger hoch steht, und backe
etwa 1 Stunde im Rohr. Laß ihn kalt werden, stürz
ihn heraus und stell ihn 1 oder 2 Tage in den Keller.

In eyner Schüssel rühr schönes weißes Schmalz mit
wenig Eyweiß ab und überzieh damit den erkalteten
Fleischgateau. Belege ihn oben mit grünen Blättern
von Weichseln oder Weinlaub.

Du kannst den Fleischgateau oder Königskuchen
noch besser machen, wenn du gestoßene rohe Gansleber zum Fasch gibst, auch würfelig geschnittene
Zunge und geschnittene Trüffeln sowie etwas Rum.
Da ist es dann besser, du kochst ihn im Dunst, was
etwa 2 Stunden dauert.

Feiner Leberkäs.

Du nimmst: $^1/_2$ kg Schweinefleisch (Coteletten),
$^1/_2$ kg Kalbsleber, 20 dkg Speck, 1 Handvoll Champignons, Scharlotten, 2 abgerindelte, in Milch geweichte Semmeln, Salz, 10 Pfefferkörner, 4 Neugewürz, 2 Gewürznelken, 3 Eyer.

Brate das Schweinerne mit der Kalbsleber, die du
vorher über Nacht in reiner Milch gebeizt hast,
auf 10 dkg Speckscheiben an, thue die fein gehackten
Scharlotten sowie die Champignons dazu, rühr
um. Thue Leber, Champignons und Scharlotten in
den Mörser, stoße fein, thue sodann das geschnittene
Schweinerne sowie den Speck dazu und die in
Milch eingeweichten Semmeln, die du ausgedrückt
hast. Stoß alles zusammen noch eine Weile. Jetzt
fügst du Salz und die Gewürze, die du aparte
gestoßen hast, hinzu, vermischst alles sehr gut,
thuest noch 10 dkg Speck, den du gewürfelt und

glasig erhitzt hast, dazu sowie zuletzt 3 ganze Eyer. Fülle den Leberkäs in eine mit Butter oder Schmalz ausgeschmierte Form, koch ihn in Dunst. Stürz ihn heraus, wenn er kalt ist. Stell ihn in den Keller. Nach gut 2 Tagen trag ihn so auf oder gieße ihn, nachdem du ihn in schöne Schnitten geteilt hast, in Aspik ein.

❧❀❦ ❧❀❦ ❧❀❦ ❧❀❦

Hohenwarter-Brief   1798

Anne Marie, ma très chère cousine,
oh my Mary Anne!
Hasenkäse und frische Krebse – als wäre ich dafür so weit von Wien zu Dir gereiset!
Es war aber alles superb.
Auch die Wiesen, die so dufteten, wie unsere Wiesen hier nie duften, als ich mich ins VON Stainsche Heim begab. Um Hausvater, Kinderlein und eyne schöne junge Erscheinung zu sehen, die dort die Hausfrau abgibt.
Der Duft von geschnittenen Gräsern und Pflanzen, hier unbekannt, denn unsere Wiesen wachsen nicht so hoch und sind auch sonst gantz anders, sowie eyne eigenartige Wolkenlandschaft war über mir, als ich Saltzburg entgegenjagte. Der Mond hatte sich versteckt. Ich trug mein Herz bis zum Hals, da es mir in der Kehle pochte, und ich sah Dich vor mir. Du lächeltest mit kleinen weißen Zähnen, als hättest Du die gleiche Angst wie ich. Der Mond kam wieder hervor. Ich träumte, daß ich plötzlich vor Deinem Haus war, am Fuß des Kapuziner-berges, und der Doktor Zozel, pardon, VON Stain, trat heraus, zwey Teller voll Blut in den Händen.

Dahinter kamst Du und sagtest fröhlich: »Das wird eyn feyner Kuchen, den back ich für den Franz.«
Und schon bist Du am Herd gestanden, zwischen Pfannen und Töpfen, eyne Magd schlug Eyer auf, Du thatest dazu Muskathen, Nägeleyn und Safran und goßest alles in eyn Kugelhupf-Herz: es war meyn Herz! Dann war es plötzlich kein Herz mehr, sondern eyne Schildkröthe, und ihr Gesicht trug meyne Züge. Und ihr Blut war meyn Blut, als Du mir mit eynem lieben Lachen den Kopf abgeschlagen hast, danach die Pfoten –
und so hast Du mich verbacken.
Warum Du mir, Engel aller Engel, so mörderisch vorkommst, daß ich vermeine, meyn Leben bei Dir aushauchen zu müssen.
Schweigend aß ich Deinen himmlischen Hasenkäse, als ich dann wirklich bei Euch war, und schaute Deinem Familienglück zu, ein Hofrath aus Wien, mit einem um 10 Jahre zu spät geerbten Palais in Pentzing. Würde es Dir gefallen? Komm es Dir wenigstens anschauen.

Deine traurige Schildkröthe
Franz

Marmorkuchen (aus Fleisch).

Du nimmst: 1 geräucherte Zunge, 1 Ochsenmaul, 1 Kalbseuter, 1 Schweinsohr, 1 Stück Wammerl*, 1 schönes Hendl, Butter, Salz, Pfeffer, Speck,

---

* Wamme, Wampe.

¹/₄ kg Gänse- oder Kalbsleber, 3 Eyerdotter, Petersilie, Scharlotten, 10 dkg Champignons, Fleisch-
Béchamel.

Thue in reichlich Salzwasser: Zunge, Wammerl,
Kalbseuter, Ochsenmaul und Schweinsohr, laß halbweich kochen und auskühlen. Schneide alles schön
nudelig. Auch das Hendl schneide nudelig, doch das
soll rohes Fleisch sein. Nun thue in ein Kasserol
Butter, thue Scharlotten, Peterl sowie die Champignons, fein geschnitten, dazu, laß anbraten. Thue
alles Fleisch, gekocht und roh, dazu, würze mit Salz
und Pfeffer, laß schön dünsten. Nun mach eine gute
Fleisch-Béchamel, vermisch sie hinein, gib fein gewürfelten Speck sowie die gestoßene Gänse- oder
Kalbsleber hinzu. Rühr gut durch, laß abkühlen.
Rühr die 3 Eyerdotter hinein. Fülle alles in eine
Form, die du mit Speckscheiben ausgelegt hast, und
backe langsam im Rohr, bis der vorzügliche Fleischkuchen gar ist.

Nierenkuchen.

Zu dieser sehr feinen Speise nimmst du am besten
Kalbsnieren, es können aber auch andere sein. Leg
sie vorhero mehrere Stunden in Buttermilch und
gehackte Kräuter, damit sie den starken Geschmack,
den manche nicht mögen, verlieren. Du reichst am
besten zarten jungen Salat dazu, sowie eyne feine
Kräutersauce. Auch Apfelmus schmeckt gutt.

Du nimmst: ¹/₂—³/₄ kg Nieren, 2 in Milch geweichte,
ausgedrückte Semmeln, 8 Eyer, eine Spur Brösel,
allfalls Salz, gestoßene Muskathblüthe, ¹/₈ kg Butter.

Die Butter treibe schön flaumig ab. Die vorhero
dünn und fein geschnittenen Nieren, die du von allem
Fett befreit hast, thue dazu, auch die ausgedrückten

Semmeln und das Eyergelb. Salze, thue Muskathblüthe und, wenn du den Kuchen etwas fester haben
willst, Brösel dazu, rühre fleißig. Nun thue den
Schnee der Eyer fein drunterziehen. Das Gemenge
fülle in eine mit Butter ausgeschmierte Kuchenform
und backe es im warmen Rohr.

Warme und kalte Saucen.

Warme Saucen.

-◦❀◦❀◦❀◦-

Braune Sauce.

Diese Sauce ist gut als Grundsauce zu verwenden, zu der man abwechselnd anderes dazugibt und so immer eine andere Sauce hat.

Du nimmst: eyne gute Handvoll Zwiebelscheiben, ebenso Speckschnitten, gelbe Rüben, Zeller, Petersilienwurzel, Porree, in gröbliche Scheiben geschnitten, etwas Zucker, etwas Mehl, Salz, Suppe, wie du sie hast, Pfeffer, Ingwer, Thymian, 2 Lorbeerblätter, etwas Essig, etwas Rotwein, Lemonysaft.

Thue in ein Kasserol Speckschnitten, Zwifl und alle Wurzeln, röst es schön ab. Nun thue Mehl und Zukker drüberstauben, rühr weiter, bis alles schön braun wird, aber ohne anzubrennen! Nun gieß Suppe drüber, sodann die Gewürze und Salz. Koch $1/_2$ Stunde, dann thue den Essig und den Wein hinzu und koch noch $1/_2$ Stunde. Passier die Sauce und schmeck mit Lemonysaft ab.

Abänderungen der braunen Sauce.

Willst du sie sehr kräftig, thue zu Beginn noch Fleisch dazu, es kann auch mindere Qualität sein, sonst verfahre gleich. Willst du sie ganz stark, laß Wildgeflügel mitkochen, es können auch Reste sein.

Zwiebel-Sauce.

Nimm noch mehr Zwiebel und laß die Wurzeln sein, sonst verfahre wie bey der ordinären braunen Sauce.

Milz-Sauce.

Thue zur braunen Sauce noch ausgestreifte Milz, zuletzt Rahm.

Erdäpfel-Sauce.

Wie die Milchsauce ist auch diese Sauce eine auskömmliche Mahlzeit, zu der kein Fleisch nöthig ist.

Du nimmst: 5 große Erdäpfel, Butter oder Schmalz, Zucker, Salz, Pfeffer, Essig, jede Suppe. Allfalls etwas gehackte Pfefferminze.

Die gekochten Erdäpfel schäle und zerdrücke mit der Gabel, thue sie in ein Kasserol mit Butter oder Schmalz, rühr gut um. Füge Salz, etwas Zucker, Pfeffer und den Essig dazu, laß gut heiß werden. Gieße mit der Suppen auf, daß es schön dick wird. Wenn du magst, thue gehackte Pfefferminze hinein, die den Erdäpfelgeschmack verfeinert, sowie einen Theelöffel Butter. Immer gut rühren!

Französische Sauce.

Du nimmst: 8 dkg Sardellenbutter, die du zergehen läßt, 2 Eydotter, 5 Eßlöffel Rahm, 2 Kaffeelöffel Mehl, Lemonysaft, zerdr. Knofl, Thymian, Fischsud.

Sprudle Rahm, Dotter, Mehl, Sardellenbutter, den Knofl, Thymian und Lemonysaft mit dem Fischsud ab. Schlag überm Dunst mit der Schneerute, bis es aufsteigt. Dann zieh es vom Feuer und richte es rasch mit Fischspeise oder Geflügel an. Wenn es wie eine schöne dicke Creme ist, so ist es gutt.

Hamburger Sauce.

Die Nord-Teutschen machen diese gute Sauce zu den Fischen aus ihrem Meer, die man bey uns für eine gewöhnliche Tafel nicht bekommt. Sie schmeckt aber auch zu unseren Fischen aus dem Süßwasser. Meine Schwiegermaman, die von den Friesischen Inseln stammt, hat mir die Sauce aufgeschrieben. Ich weiß nicht, ob ich sie ganz richtig kann, denn die Maman von Eckhart ist nie nach Saltzburg gekommen, da es zu weit und sie mittlerweile toth ist.

Du nimmst: Butter, je nach Personenanzahl, pro Maul 3 dkg, Fischsuppe und Weißwein, im Verhältnis 2 zu 1, hast du keine Fischsuppe, nimm jede helle Fleischsuppe, Pfeffer, halb ganz, halb gestoßen, Mehl, Muskathen, Salz, nochmals Butter, Lemonysaft, allfalls 2 Eyerdotter.

Die Butter, die du gewogen hast, laß zergehen, füge pro Maul 1 Messerspitze Mehl hinzu, laß nicht blond werden, nur anschwitzen! Thue die $^2/_3$ Suppe und das $^1/_3$ Weißwein hinzu, reib Muskathnuß hinein. Die Pfefferkörner sowie den Pfeffer, den du gestoßen hast, thue auch hinzu. Laß heiß werden, doch nicht kochen, doch schon eine Weile auf dem Glutl stehen, unter fleißigem Umrühren. Schmeck mit Salz und Lemonysaft ab, verfeinere mit 1 Stückl frischer Butter. Legiere allfalls mit den Eyerdottern. (Vielleicht sollst du vor dem Legieren auch durchseihen, manche mögen die Körner nicht, weil sie beim Zerbeißen scharf sind und in den Zähnen steckenbleiben.)

Eyne gutte Sauce von Kaviar.

Du nimmst: eyne Buttersauce, Lemonysaft, Kaviar. Du machst eyne helle Buttersauce, gibst Lemonysaft dazu, dann den Kaviar. Die Sauce soll sofort zu

Tisch, weil sie vom Herumstehen nicht besser wird. Du mußt die Fischspeise, zu der sie gehört, darum schon fertig gemacht haben. Sie paßt auch zu Geflügel.

Knofl-Sauce.

Zu gebratenen Erdäpfeln oder in Salzwasser gekochten ist das eine Speise fürs Gesinde sowie auch für uns an Fast- und Spartagen. Du machst dafür eine Schmalz-Einbrenn, die du mit Wasser aufgießest, nachdem du reichlich zerdrückten Knofl zur Einbrenn gethan hast. Koch gut durch und vergiß nicht zu salzen!

Kren*-Sauce.

Diese Sauce ist eyne gute Beilage zu gebratenem Geflügel, gekochtem Rindfleisch, Zunge, allerley Grenaden.
Du nimmst: Kren, Butter, Mehl, heiße Milch, 1 Zwifl, 1 Stückl rohen Schinken, Salz, allfalls 1–2 Eyergelb.
Thue den Kren fein reiben und wiegen. Thue Butter in ein Kasserol, laß ihn zerlaufen, thue Mehl dazu, laß es unter Rühren anschwitzen, ohne zu bräunen, thue den Kren dazu, rühre weiter und gieße mit der heißen Milch auf. Rühre weiter, thue den geschälten ganzen Zwifl und 1 Stückl rohen Schinken dazu. Laß gut durchkochen, salze. Seihe die Krensauce durch. Legiere sie allfalls mit 1–2 Eyergelb.

* Meerrettich.

137

Briefentwurf (an wen, weiß man nicht, vielleicht an die Pepperl)   Oktober 1799

Wenn der große Herr von Barisani sein Nachmittagsschlaferl halt, holen sie meinen Eckhart statt seiner zu den Visiten, doch so kommen wir wenigstens zu Geld. Von den armen Leuthen nimmt er ja nicht soviel, wie in eyn rotziges Schnupfdichl hineyngeht. Zum Glück dauert es noch lang, bis der Franzerl auch auf die Universität gehen wird, wie jetzt der Schani. So Buben kosten eynen schon viel mehr als eyne Tochter.

Gehst mir sehr ab, Pepperl.

Zur Barisani-Hochzeitstafel am 15. Oktober haben sie diesmal keine Ratschläge von mir gebraucht, wie vor zwei Jahren, als die alte Gräfin ihr Enkelkind ausgeheyrathet hat. Im Februar ist sie gestorben, die alte Gräfin. Es gab keyne Hochzeitstafel, weil der große Silvestro mit seiner neuen Frau nach Venedig fahren wollte. Aber weil der noch größere Hieronymus seinen Leibartzt gebraucht hat, ist die Hochzeitsreis ins Wasser gfalln.

Jetzt muß das junge Paar in der Nacht und am Nachmittag kleinweis die Hochzeitsreise nachholen. Was eyn Mann von 80 Jahren halt so nachholen kann. Die neue Frau ist in meinem Alter. Es heißt, daß der Erzbischof den Leibarzt Barisani gefragt hat, ob er keine Befürchtungen wegen der Zukunft hat? Wie das seyn würde in zehn Jahren mit dem Alter? »Es wird«, hat der große Silvestro ernst gesagt, »wirklich arg seyn. Denn in 10 Jahren ist meyne Babette 40 Jahre alt – und die alten Weiber habe ich nie leiden mögen.«

Milch-Sauce.

Geht für Salate aus Erdäpfeln, Bohnen, Linsen sowie Endivien: eine auskömmliche Mahlzeit!

Du nimmst: Butter, Mehl, Milch, Muskathen, Salz, kräftigen Essig, frische, gehackte Gartenkräuter, allfalls Zucker.

Thue Butter in ein Kasserol, füge Mehl hinzu, laß kurz schwitzen. Gieße Milch hinzu, rühr gut. Es soll dicklich werden. Füg die Muskathen und das Salz hinzu, gieße etwas Essig daran, rühr weiter, ziehe es vom Feuer. Rühr die frischen Kräuter ein. Gieße noch heiß über Salate aus Erdäpfeln oder Bohnen oder Linsen und rühr gut um. Für Endiviensalat muß die Sauce erkalten. Ich thue gern mit dem Essig etwas Zucker hinzu.

Sauce aus Mirabellen und Kräutern.

Paßt zu jedem grillierten oder gebratenen Fleisch, am besten zu Hühnern, auch zu gekochtem Schinken.

Du nimmst: frische, ausgereifte Mirabellen, frische Kräuter (Petersil, Tüllenkräutl*, Basilikum, Koriander, ganz wenig Salbei), fein gehackt, sowie fein zerdrückten Knofl und Scharlotten. Salz. Allfalls Rahm.

Aus den entkernten, abgehäutelten Mirabellen mache ein Püree, thue die Kräuter, Knofl und Scharlotten hinzu, schmecke mit Salz ab. Gieß etwas heißes Wasser dazu und rühr gut durch. Willst du den Geschmack etwas linder, füge 1 Löffel süßen Rahm hinzu.

Die Sauce laß kalt werden und serviere sie zum Fleisch.

* Dille.

Rechte* Mischerl**-Sauce.

Du nimmst: gewaschene kleine Mischerln, warmen
weißen Wein, Butter, Mehl, Scharlotten, Petersil,
eine gute starke Suppen, Lemonysaft u. -schölerl.
Thue die gewaschenen Mischerln in warmen Wein.
Wenn die Schalen aufgesprungen sind, thue die
Schalen weg. Nun machst du aus Butter und Mehl
eine lichte Einbrenn, gibst die fein geschnittenen
Schalotten, Lemonyschölerl und den Petersil hinein, läßt schön anlaufen, rührest gut. Du gießest mit
der starken Suppen auf, läßt kochen, seihst durch,
gibst dann den Wein von den Mischerln und diese
dazu. Mit Lemonysaft und Salz abschmecken.
Kannst auch eyn wenig Sardellenbutter dazuthun.
Schmeckt gutt zu allen gebratenen oder gekochten
Fischen. Wenn du eine Austern-Sauce machen
willst, verfahre genauso wie mit den Mischerln.

Falsche Mischerl-Sauce.

Du nimmst: Butter, Mehl, Zwifl, Petersilie, Sardellen,
Bröseln, gute Suppen, weißen Wein, Lemonyschölerl.
Laß den Zwifl, den Petersil und die fein geschnittenen
Sardellen in Butter, Mehl und Bröseln anlaufen.
Gieße mit der Suppen auf, gib den Wein dazu (es
soll etwa $^2/_3$ Suppe und $^1/_3$ Wein an Flüssigkeit sein)
und das Lemonyschölerl. Thue es durchseihen und
reiche es zu jedem Fisch, gebraten oder blau.

* echte.
** Muschel.

Obst-Saucen.

Diese Saucen passen gut zu gekochtem Fleisch sowie zu Lammbraten, Räucherzunge, Wildgeflügel und gewöhnlichen Enten und Wildbraten.

Eine Hötschen-Bötschen-Sauce* über Wildprat zu machen.

Du nimmst: Hötschen-Bötschen-Sulz, Butter und Mehl für eine Einbrenn, Rindsuppe, Rotwein, Lemonyschölerl.
Thue Butter in ein Reindl, thue eyn wenig Mehl darein, mach eyne dünne Einbrenn schön gelblich. Thue hernach eyn wenig Hötschen-Bötschen-Sulz darein, rühr es aber nicht zuviel, da es gar bleich wird, gieß eyn wenig Wein und Rindsuppen darein und Lemonyschölerl. Richt's über eyn schwarzes Wildprat an. So ist es gutt.

Apfel-Sauce.

Du nimmst: saure Äpfel, Wein, Mehl, Butter, Zukker.
Koch die geschälten Äpfel in Wein, bis sie weich sind, drück sie durch eyn Sieb. Mach eyne Buttereinmach, thue den Zucker dazu, sodann die Äpfel, rühr gut durch, gieße mit Wein auf, laß noch einmal kurz aufkochen.

* Hagebutten-Sauce.

Weichsel-Sauce.

Du nimmst: Butter, Mehl, jede Suppe, Wein, frisch gepflückte Weichseln, Lemonyschölerl und -saft, Zucker, Nelken.

Eine schöne Buttereinmach gieß mit Suppe auf. Thue die Weichseln hinzu und den Wein sowie den Zucker, die Nägl und die Lemonyschölerl, laß weiter kochen. Drück dann durch eyn Sieb, schmeck mit Lemonysaft ab, salze allfalls.

Wein-Sauce mit Weinbeern.

Diese Sauce paßt sehr gutt zu gekochtem Rindfleisch, zu gekochter Räucherzunge sowie zu Entenfleisch oder Wildgeflügel.

Du nimmst: Mehl, Butter, Suppe von Fleisch oder Räucherzunge, Weinbeern, Lemonysaft, Rotwein, Lemonyschölerl, Muskathen, Nägl, Salz, Zucker. Hast du Kraftsuppe, auch diese, doch muß es nicht sein.

Laß Mehl in Butter blond werden, füll mit der heißen Suppe auf, laß kochen. Thue die Weinbeern, Muskathen, Lemonyschölerl, die Nägl, Salz und Zucker hinzu. Laß kurz aufkochen, thue den Rotwein und den Lemonysaft dazu, hast du Kraftsuppe, auch diese. Wenn die Weinbeern groß und weich geworden sind, kannst du anrichten. Wenn Leute am Tisch sind, die sich die Nägl in die Zähne einbeißen könnten, mußt du diese vor dem Hineinthun im Mörser stoßen.

Polnische Sauce.

Für sie gilt dieselbe Verwendung wie für die Weinsauce.

Du nimmst: 4 dkg Butter, 4 dkg Gemisch von Mehl und Bröseln, je 4 dkg Mandeln, Weinbeern, Korinthen, Lemonysaft und -schölerl, Zimt, Nägl, 2 Theelöffel Zucker, ganz fein, 4 Deziliter (das ist etwas weniger als $\frac{1}{2}$ Liter) Rotwein.

Wirf die abgezogenen, stiftelig geschnitteten Mandeln, den Zimt, die Nägl, die Weinbeern und die Korinthen in den Rotwein, den du kurz kochst. Die Butter laß zergehen, thue den Zucker hinein, laß ihn unter Rühren blond werden. Nun thue das Bröselmehl dazu, rühr weiter, gieße mit dem Rotwein-Gemisch auf, thue Lemonyschölerl dazu, laß aufkochen. Seih alles durch und würze mit dem Lemonysaft, allfalls auch einer Prise Salz.

Pfeffer-Sauce.

Du nimmst: spanische Sauce, gestoßenen Pfeffer, Kräuteressig, Pfefferkörner, Scharlotten, 2 Lorbeerblätter.

Koch die Pfefferkörner, die Scharlotten und die Lorbeern in Essig auf, thue die spanische Sauce dazu, seihe durch. Ist dir die Sauce zu dünn, gieße eyne Buttereinmach damit auf, laß kurz lind köcheln. Es hebt sich der Geschmack, wenn du auch Nägl mitkochst. Ehe du die Sauce anrichtest, thue eyn wenig gestoßenen Pfeffer hinein und rühr gut durch.

Sauerampfer-Sauce.

Du nimmst: 2 Handvoll Sauerampfer aus dem Garten oder von der Wiesen, kannst ihn auch mischen, Butter, Mehl, jede helle Suppe, Rahm, Salz.

Thue den Sauerampfer, den du fein hackst, in Butter,

thue Mehl darüber, rühr gut. Gieße mit der Suppen auf, salze wenig, laß kochen. Nun thue den Rahm hinein, koch kurz auf. So ist es gutt.
Wie bei dieser thuest du bei der

Pfefferminz-Sauce.

Sie schmeckt am besten zu Lammbraten. Nur nimm statt dem Sauerampfer die feingehackte Minze. Eyn Stückl frische Butter mildert ihren starken Geschmack, wenn du ihn zuletzt einrührst.

Spanische Sauce.

Du nimmst: alle möglichen Fleischabfälle, Bratenreste, Wildvögelgerippe sowie auch solches vom Haushuhn, wenn du hast, ein paar alte Tauben, jedes zähe, sonst unbrauchbare Fleisch, Knochen, Rohschinken, doch frisch muß alles sein! Wurzelwerk, Mehl, Salz, weißen Pfeffer, Lemonyschölerl und -saft, guten Rotwein, Madeira, Speck.
Aus den Knochen, dem zähen Fleisch, den Gerippen, den ausgenommenen alten Tauben und eyner Handvoll zerschnittener Wurzeln laß eyne Brühe kochen. Die Fleischabfälle und Bratenreste sowie das Stück Rohschinken dünste auf Speckwürfeln, thue Wurzelwerk in Würfeln dazu, laß blond werden, wozu du Mehl drüberstreust und rührst. Gieße mit der Brühe auf, thue den Pfeffer hinein, salze, laß 1 Stunde kochen. Nun thue den Rotwein und Lemonyschölerl dazu, laß weiterkochen. Den sich bildenden Schaum nehmen manche herunter, wie sie es bei der Rindsuppen thun, doch muß das nicht sein: wenn du langsam und lind kochst, setzt sich der Schaum am Boden ab und kann dadurch nicht die Suppen trü-

ben! Wenn die Flüssigkeit genügend eingekocht ist, seih ab. Gieße 2 Löffel Madeira pro $^1/_2$ l Sauce hinein, sowie den Lemonysaft, laß nicht mehr kochen, nur heiß werden.

Speck-Sauce.

Diese wohlschmeckende Sauce wird häufig zu Fisch gereicht (besonders Schleie passen gut), doch paßt sie auch zu Fleisch und Gemüse, wie Erbsen, Spargel, Karfiol, auch zu Tauben und Hühnern.
Reichst du sie zu Fisch, thue halb Fischsud, halb Fleischsuppe daran. Sonst nur Fleischsuppe. Für die Gesindeküche genügt Wasser.
Du brauchst: 5 dkg geräucherten Speck, 1 geschnittenen Zwifl, 1 Eßlöffel Mehl, 2 ganze Eyer, Fleischsuppe (allfalls Fischsud), insgesamt etwa $^1/_2$ l, Salz, Lemonysaft.
Thue den Speck würfeln und hell anbraten, thue die Speckwürfel heraus und stell sie warm. Im Fett röste leicht das Mehl an, gieße mit kalter Suppe auf, rühre gut, laß heiß werden. Nun thue 2 gantze Eyer hinein, rühre glatt, thue weitere Suppe dazu- (oder Fischsud, je nachdem), laß aber nicht kochen! Thue es ins Wasserbad, quirle schön, daß es dick wird. Schmeck mit Lemonysaft und Salz ab. Beym Anrichten thuest du oben auf die Sauce die Speckstückeln.

Trüffel-Sauce.

Man macht diese Sauce mit verschiedenen Beigaben: mit Madeira oder Rotwein, auch mit Krebsbutter, wozu man sie legiert. Am besten schmeckt sie natürlich mit Petersil.

Dazu nimmst du: frische Trüffeln, geschält und dünn geschnitten, Butter, feingeschnittene Scharlotten, Peterl, Salz, Pfeffer, jede Suppe.

Dünste die Trüffeln in der Butter, thue den Peterl, die Scharlotten, Pfeffer und Salz dazu, gieß mit der Suppe auf, laß kurz kochen. Wenn du sie dicklicher willst, thue am Anfang etwas Mehl in die Butter.

Feine weiße Sauce (Sauce blanche).

Diese Sauce ist wichtig für die feinere Kocherey, wo du sie da und dorten brauchst. Man überzieht damit alle Sorten Fleisch und Fische, streuet frisch geriebene Semmelbrösel darüber und überbäckt im Backrohr.

Du nimmst: $\frac{1}{8}$ kg Butter, soviel Mehl, als die Butter aufnimmt, etwas gute, helle Suppe, gehackten Schnittlauch oder Petersil, 2 ganze Eyer und 2 Eyerdotter, Salz, ger. Muskatnuß.

Laß die Butter zerschmelzen, rühr soviel Mehl hinein, wie die Butter annehmen mag, gieße mit etwas Suppe auf, füge den Schnittlauch oder die Petersil dazu, laß kochen, bis es dicklich wird, unter Rühren. Stell es zum Abkühlen weg. Wenn es lau geworden ist, schlag nach und nach 2 ganze und 2 Eyerdotter hinein, gib Salz und Muskathnuß dazu und verrühre schön. Nun verwendest du die weiße Sauce nach Bedarf.

Kalte Saucen.

Apfel-Sauce.

Zu Fleisch oder Sulz, auch zu anderen Geleespeisen sowie Wildprat.

Du nimmst: saure Äpfel, Senf, Essig, Zucker, Öl, Salz, weißen Pfeffer.

Reib die Äpfel, vermische mit allem Übrigen. Rühre gutt.

Bohnen-Sauce (oder Linsen-Sauce).

Diese überraschend wohlschmeckenden Saucen zu kaltem Fleisch, Eyern und Gemüsen sind sehr günstig im Preis, weil sie fast überhaupt nichts kosten. Du kannst sie auch mit Brot reichen, das mit zerdrücktem Knofl bestrichen wird, insbesondere für die Gesinde-Küche.

Du nimmst: am Vortag eingeweichte, weichgekochte Bohnen (Linsen), Öl, Essig, Salz, fein gehackten Zwifl, allfalls Schnittlauch.

Passier die Bohnen (Linsen), rühr das Öl dazu, salze. Nun den Zwifl, der aber nicht sein muß, und den Essig. Die fertige Sauce bestreue allfalls mit gehacktem Schnittlauch.

Cappern-Sauce, auch Sauce tartare genannt.

Paßt zu jedem Fleisch, zu Eyern und Wildgeflügel und Wildprat sowie zu Fischen.

Du nimmst: 1 Löffel Kräuter-Gemisch wie für Remoulade (passiert), 1 Löffel gehackte Cappern, 1 Löffel passierte Sardellen, 3 Löffel Senf, 3 harte Eyergelb, passiert, Salz, Pfeffer, 12 dkg Öl, Estragon-Essig und kalten Aspik, zusammen etwa 1 Deziliter, Lemonysaft.

Rühr auch die Cappern-Sauce schön auf Eis, bis es dick ist. Falls sie nicht cremig-weich genug ist, thue noch Senf hinein und Lemonysaft.

Gurken-Sauce.

Eyne gute Beylage.

Du nimmst: frische Gurken, die du wie Nudeln schneidest, Estragon-Essig, feines Öl, Salz, 1 harten Eyerdotter, passiert, Pfeffer, Schnittlauch, Tülle.

Thue die nudeligen Gurken in eyne Schüssel, gieße die Mischung von gut verrührtem Essig, Öl, Salz, passiertem Eyerdotter darüber, so daß alles gut bedeckt ist. Darüber streue gehackten Schnittlauch und die Tülle sowie etwas weißen Pfeffer.

◆◆◆◆◆◆◆◆◆◆◆◆◆◆◆◆

Briefentwurf (Torso)   1801

Lieber Franzl!

Mach Dir doch keine Sorgen, nein, der Franzosen-General Moreau hat mich nicht die große Befreyungs-Dorten backen lassen, nicht einmal eynen gantz kleinen Biskuit-Husaren, der eynen Saltzburger Bürger gerade von seyner Uhr befreit. Wer erzählt denn in Wien solche Raubersgschichten? Oder steht's gar in euren Schmierblatteln? Im Saltzburger Amts- und Intelligenzblatt, das wir hier lesen, steht nichts drin. Leider erscheint die schöne Zeitung schon seit einigen Tagen nicht.

◆◆◆

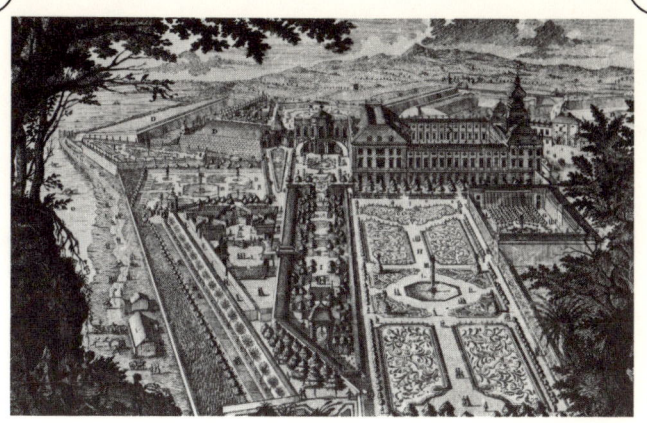

Schloß und Garten von Mirabell in Salzburg

Grüne Kräuter-Sauce (Sauce remoulade).

Diese Sauce, die sehr gut zu kaltem Fleisch, Geflügel, harten Eyern, Zunge und noch vielerley Anderem schmeckt, kannst du zur Kräuterzeit gleich in reichlicher Menge herstellen, damit du später, wenn es keine frischen Kräuter mehr gibt, deinen Vorrat hast. Wenn du sie nur für den augenblicklichen Bedarf herstellst, kannst du die Kräuter auch zum Theil kochen und passieren, was manchen Leuten besser schmeckt als das ganz Rohe. Weiters verfährst du auf beyde Arten gleich.

Du nimmst: 2 Handvoll frische Kräuter: Scharlotten, Körbel, Bertram, der genauso Estragon heißt, Petersil, Kresse, Schnittlauch, Sauerampfer, Pimpinell, Gundelrebe, etwas grünen Spinat und ganz wenig Rokambol. (Was du nicht hast, laß weg, aber die Menge [2 Handvoll] muß zum Anderen stimmen).

Ferner nimmst du: 12 dkg passierte Sardellen, 12 dkg Senf, 12 dkg gutes Öl, 3 dkg gehackte Cappern,

4 dkg Zucker, 4 Deziliter Bertram-(Estragon-)Essig (das ist etwas weniger als ¹/₂ l), 4 g weißen Pfeffer, 2 g Salz.

Zerhacke und verrühre die Kräuter fein mit allen anderen Zuthaten. Füll sie dann in Gläser oder Steintöpfl, die sich gut verschließen lassen.

Willst du Sauce machen, nimm die Mischung heraus, stoß sie im Mörser. Mische noch soviel Essig, Öl und gehacktes Eyergelb, auch kalten Bratenschü dazu, als du brauchst, um eine weiche, cremeartige Sauce zu erhalten, salz vielleicht auch nach, wenn das beim Abschmecken nöthig erscheint.

Kalte Kren-Sauce mit Obers.

Du nimmst: 1 Schale Obers oder süßen Rahm, ¹/₂ Schale Essig, Salz, Zucker, geriebenen Kren.

Rühr das Obers mit dem Essig, Salz und Zucker, thue den Kren hinein, der ganz frisch gerieben sein soll, rühr zu einer dicken Sauce. Diese paßt sehr gut zu gekochten Fischen, als angenehme zweite Beylage zur geschmolzenen Butter.

Mandel-Sauce.

Du nimmst: 2 Handvoll abgezogene weiße Mandeln, 2 hartgekochte Eyergelb, feines Öl, Estragon-Essig oder gewöhnlichen Essig, Salz, hartgekochtes Eyerweiß, etwas zerdrückten Knofl.

Stoß die Mandeln mit den Eyerdottern fein, thue Knofl und Salz dazu, rühre das Öl ein sowie den Essig, das Salz und die harten, gestoßenen Eyerweiß.

Eynfache kalte Sardellen-Sauce.

Du nimmst: 2 Lemony, 12 dkg Öl, 7 geputzte, gewaschene, gestoßene Sardellen, einige Löffel Aspik.
Rühr die gestoßenen Sardellen mit dem Saft der
2 Lemony, rühr nach und nach das Öl dazu, zuletzt
das Aspik. Dadurch wird die Sauce dick und bindet
sich gut.

Englische Senf-Sauce.

Du nimmst: Petersil, Scharlotten, Bertram, Körbelkraut, ganz wenig Rosmarin, alles fein gehackt,
Zucker, Salz, Pfeffer, Lemonysaft, Bertram-Essig,
4 hartgekochte Eyer, etwas kalten Bratensaft, Senf,
feines Öl.
Die gehackten Kräuter stoße im Mörser fein, misch
den Senf dazu sowie nach und nach alle anderen
Zuthaten. Rühre sie fleißig. Von den Eyern nimmst
du nur das Gelbe, das du dazupassierst. Thue das
Gefäß, in dem du die Senf-Sauce zubereitest, auf
Eis und rühre weiter. Bewahr sie auch auf dem Eis
auf, bis du sie anrichtest.

Wacholder-Sauce.

Du nimmst: 1 Zwifl oder 2 kleine Scharlotten,
2 Eyergelb (hartgekocht), 10 Wacholderkörndln,
Lemonysaft, Zucker, Essig, Öl, Salz, 1 Theelöffel
Hötschen-Bötschen.
Schneid den Zwifl (die Scharlotten) fein. Stoß sie
mit den Eyerdottern und den Wacholderbeeren im
Mörser fein. Nun rühre Öl, Salz und Lemonysaft
hinzu, den Hötschen-Bötschen, dann auch den Essig.
Schmeckt sehr gut zu Wildprat und Wildgeflügel,
auch zu kalt aufgeschnittenem Rinderbraten.

Wildprat-Sauce.

Dafür kannst du sehr gut alle Reste von Rehbraten, Hirschbraten oder Hasen verwenden. Stoß sie fein mit: 2 harten Eyergelb, 1 Scharlotte, Sardellen, Cappern. Ist es zu trocken, gib etwas Estragon-Essig dazu. Danach verrühre es zur cremigen Sauce mit Öl, Salz, Pfeffer, etwas Zucker und noch Essig.

Noch eyne Sauce

zu kaltem Selchfleisch oder geräucherten Gansbrüsten und Schinken.
Dafür mische 2 Theile scharfen Senf mit einem Theil Johannisbeerensaft und verrühre gut, oder nimm Hötschen-Bötschen und verrühre mit verdünntem Kräuteressig.

Brot
zu backen.

Ryßbrot.   Ofenbrot.   Scherbenbrot.   Steynbrot.

Früchte- oder Kletzen*-Brot.

Du nimmst: 1 kg Rosinen, $^1/_2$ kg Feigen, $^1/_4$ kg Dat-
teln oder getrocknete Zwetschken, 10 dkg getrocknete
Lemony- und Pomeranzenschölerl, 5 dkg Arancini,
10 dkg Pignolen, Nelken, Zimt, Neugewürz, $^1/_4$ l Rosoglio oder Kirschwasser oder Sliwowitz, Brot- oder
Milchbrotteig.

Wasch alles fein, trockne es ab, schneid es in gefällige
Stücklein, würze es und gieß den Schnaps oder
Rosoglio darüber, misch es gut. Aus dem Teig, den
ich hernach beschreibe, mach Flecken, aus der
Fruchtmasse Laibln. Thue die Laibln in die Flecken,
die du oben gut zusammendrückst. Nun mach Kör-
berln bereit, die du mit reiner Leinwand auslegst.
In jedes Körberl thue einen Laib und stell sie ge-
schützt auf, daß sie schön langsam aufgehen. Back
sie langsam auf kleinem Glutl im Backrohr. Ehe du
sie hineinschiebst, bestreiche sie mit warmer Milch,
desgleichen thue, wenn sie fertig sind nach dem
Herausnehmen. Hast du nichts von den feinen Früch-
ten, nimm Kletzen und Zwetschken sowie Nüsse und
Rosinen, ansonsten verfahre mit ihnen wie oben.

Den Milchbrotteig machst du so: 4 dkg Germ**
laß mit etwas Milch und Mehl (von $1^1/_2$ kg wegge-
nommen) aufgehen. 7 dkg Butter, es kann auch gute
Rindsfetten sein, 7 dkg Zucker, etwas Salz, gestoßener Anis oder Fenchel und etwas Milch verknet mit
dem Mehl und dem Dampfl zu einem festeren Teig.
Laß ihn etwas ruhen, dann treib ihn zu Flecken aus,
die du, wie oben beschrieben, füllst. Willst du ihn
nur zu Milchbrot verwenden, mach einen Laib
oder Striezel daraus, laß ihn im Körberl aufgehen,

* Getrocknete Birnen.
** Hefe.

bestreich ihn mit Milch und back ihn fein. Nicht vergessen: beim Herausnehmen wieder mit Milch bestreichen!

Tagebuchnotiz   1802

Der Frau Berchtold Hasenöhrln* und eine Schüssel Rosen** gebracht, sie nimmt nichts dafür, daß der Franzerl bei ihr Klavierlektionen hat.
Der Eckhart hat ihr mit ihren Augen geholfen.
Der Franzl ist am gleichen Tag geboren wie ihre Tochter Maria Babette. Aber die ist leider schon eine Weile toth.
So sind wir doch ins Barisani-Haus gekommen, wie der Eckhart immer geträumt hat. Ich mit den Mehlspeisen und er mit den kranken Augen von der Dame.
Ihr zuhören, wie sie auf dem Klavier spielt, gefällt sogar mir. Wie sie ein Mädel war, ist sie mit ihrem Bruder, dem Wolfgang Mozart, durch die halbe Welt gereist.
Der große Silvestro Barisani ist ein gantz altes Manderl geworden in den 3 Jahren seiner neuen Ehe. Der Eckhart muß ihm sehr viel abnehmen.

* Hasenöhrln – eine schmalzgebackene Mehlspeise, zu der süße Sauce gereicht wird.
** Rosen – aus Mürbteig, mit 5blättrigem Ausstecher gemacht, auch schmalzgebacken, mit Marmelade oder Kompott in der Mitte gefüllt.

Zwiebelbrot.

Dazu brauchst du: 1 kg Weizenvollkornmehl, fein gemahlen, $^1/_4$ l Milch, $^1/_4$ l Wasser, 1 Eßlöffel Salz (am besten ist Meersalz), $^1/_2$ Theelöffel Honig oder braunen Zucker, 8 dkg Germ, etwa 40 dkg Zwifl, 5 Eßlöffel oder 6 Butter oder gutes Bratenfett.

Thue das Mehl in eine Schüssel, zerdrücke die Germ in die Mitten, wo du ein Loch gemacht hast. Thue 2 Eßlöffel lauwarme Milch sowie den Honig (oder Zucker) dazu und mach eynen Teig (ein Dampfl). Stell's warm und laß aufgehen in $1^1/_2$ Stunden. Dann thue die anderen Zuthaten hinzu und knete gut durch. Je besser du Brot knetest, um so glatter und zarter werden deine Hände, wirklich! Die Zwifl schneid klein, brat sie in der Butter oder im Bratenfett. Wenn sie kühl geworden sind, gib sie zum Teig und knet nochmals kurz durch.

Mach langes oder rundes Brot daraus, wie du Lust hast, schneide oder ritze es oben ein. Thue es auf eyn gefettetes Backblech und stell es noch einmal auf etwa 2 Stunden in die Wärme, zum Gehen. Back es im gut vorgeheizten Ofen eyne schwache Stunde. Wenn du es herausziehst, streich mit der Schmierfeder zerlassene Butter oder Bratenfett dar-über.

Wenn du das Brot ohne Zwifel willst, ist es auch gut. Du kannst dann nach Lust auch Fenigel (Fenchel), Koriander, Leinsamen oder Muskathen dazuthun, die ersten drei sind auch in Ganzem als Körndl gut darinn, die Muskathen mußt du aber schon fein hineinreiben!

Allerley Gemüsen- und Erdäpfelspeisen.

Erdäpfelspeise.

Erdäpfel schälen, würfeln. Überkochen, in frischem Wasser mit Salz beinahe gar kochen, saure Äpfel, geschält und zerkleinert, dazugeben, auch eine Birne, auch etwas durchzogenen Speck. Wenn alles weich ist, fein stampfen und passieren, Milch dazu (oder Obers). Etwas Zucker. An Gewürzen: Nelkenpfeffer, zuletzt geriebene Muskatnuß.

Es schmeckt – mit Butter – herrlich nach Frucht und Gewürz. Wenn man fein gestoßenen, in Butter gelb gebratenen Zwieback dicht darüberstreut, wird es noch besser.

Wir haben es zu geräucherter Zunge gegessen. Es geht natürlich auch zu Hasenbraten, Sauerbraten, gebr. Ente, frischer Rind- oder Fleischwurst, gebr. Leber.

Feine Erdäpfelspeise.

Du nimmst: Gekochte, frische Erdäpfel, Schinken oder gutes Selchfleisch, sauren Rahm, Butter, Brösel, 1 Prise Salz.

Schmier eyne Form mit Butter aus, thue auf den Boden eyne Lage geschnittene Erdäpfel, salz eyn bisserl darüber. Nun schneide den Schinken oder das Fleisch in Scheiben oder Streifen, sprudle es mit saurem Rahm ab und gieß es über die Erdäpfel. Sodann decke mit eyner zweiten Lage geschnittener Erdäpfel zu, thue Butterstückln darauf sowie Brösel und back es gut.

Erdäpfelspeise aus Resten.

Bereite diese Speise wie obige aus gekochten Erd- äpfeln. Doch statt Schinken oder Selchfleisch thue

Fleischreste vom Schwein oder Wildpret, die du zu eynem guten Fasch gemacht hast, dazu. Den Rahm behalte oder laß weg.

Mach eynen schönen Abtrieb von 6 dkg Butter und 3 Eydottern, thue 5 nicht zu große, gekochte Erdäpfel, die du passiert hast, dazu, etwas Salz, etwas Mehl, zuletzt Eyerschnee von 2 Eyern. Füll die Hälfte in eyne mit Butter ausgeschmierte Form, thue darauf den Fleischfasch, darauf die andere Hälfte der Erdäpfelmischung. Darüber thue Butterflocken und Bröseln und back es. So ist es gutt.

Graue Erbsen (alte Weiber).

Diese sehr nahrhafte und wohlfeile Speise ist gut für die Gesindeküche, doch essen sie auch Herren gern, die Besseres gewöhnt sind. Warum die Speise »alte Weiber« heißt, weiß ich nicht, du mußt auch nicht fragen, weil die Herren immer schmunzeln, wenn man sie danach fragt.

Weiche die grauen Erbsen über Nacht in weichem Wasser ein, wie du es mit anderen Erbsen sowie Bohnen und Linsen auch thuest. Setze sie mit frischem Wasser zum Kochen auf, wechsle auch dieses nach eyner halben Stunde. Koche mit Salz, 1 Spritzer Essig, eyner Speckschwarte, wenn du eine hast, 1 Lorbeerblatt. Richte mit gekochten Erdäpfeln und Specksauce (siehe Rezept) an. Es passen auch andere Saucen dazu, probier es.

Die Herren schätzen die grauen Erbsen mit Geselchtem oder Schweinsbraten. Auch Sauerbraten ist beliebt.

Gemüseallerley mit Überraschungen.

Wenn du diese Speise, die der Fantasie Flügel verleiht, noch überraschender machen willst, thue Krebsen dazu. Es schmeckt sehr gut. Doch nimmt es noch mehr Zeit in Anspruch, und überdies hasse ich das Thöten der Krebse, wenn sie mich so arm und roth anschauen dann.

Du brauchst: 1 Paar Tauben oder kleinere Hühner, Butter, Mehl, Salz, Muskathen, Eyer, Lemonysaft, Küchenkräuter nach Geschmack, Wurzeln, Gemüse, was du hast, wichtig ist Spargel und Karfiol, kleine Knödel, allfalls Krebse und Krebsbutter.

Theile die Hühner oder Tauben in Stücke, setze sie mit Salz und Wurzeln sowie Küchenkräutern zum Kochen auf den Herd, thue auch Muskathen hinein, so ist es gutt. Während sie kochen, putze das Gemüse aller Art, koche es in gesalzenem Wasser jedes für sich ein Zeitl. Sodann thue es zu den Tauben oder Hühnern und koche alles zusammen auf kleinem Glutl fertig. Nun richte alles schön in der Servier-schüssel an, thue kleine Knödel dazu aus Bröseln oder Weißbrot, bestreue mit gehackten Kräutern. Dazu reichst du die Sauce aparte, die du folgender-maßen machst:

Nimm von der Suppen, in der du die Tauben gekocht hast und die sehr gut und stark ist, so daß du sie für die bessere Küchen verwenden kannst, eine oder zwei Schalen weg. Mach sie mit Eyerdottern sämig, würze mit Lemonysaft, rühre gut um, gib, wenn du magst, noch gehackte Kräuter dazu. Willst du Krebsen dabey haben, thue auf die Schüssel rundum Krebsnasen und Krebsschwänze, und statt der legierten Sauce thue ein wenig Krebsbutter oben drauf.

Faschierte Gurken, gebacken.

Diese Speise ist eyne sehr gute Beilage zu gebratenem Geflügel. Bey eyner eynfacheren Tafel gibt sie eyne treffliche Vorspeise ab.

Du nimmst: eine Anzahl gerade und gleichartige Gurken, faschiertes Fleisch jeglicher Art, es kann auch gemischt sein, Salz, Pfeffer, Butter, Zwifl, Lemonysaft, Bouillon oder Kraftsuppe.

Schneide den Gurken an beiden Enden die Spitzen weg, koste, ob es genug ist und nicht noch bitter, da mußt du dann mehr wegschneiden. Höhle sie aus. Erst dann thue sie schälen. Du kannst sie aber auch mitsamt der Schale verwenden. Fülle sie mit gut gewürztem faschiertem Fleisch, lege sie in ein Kasserol auf zerlassene Butter, thue 1 ganzen, geschälten Zwifl dazu, laß langsam schwitzen. Nun salze und gieße mit Kraftsuppe auf, laß schön dünsten, thue Pfeffer und Lemonysaft dazu. Wenn die Gurken halbweich sind, rangiere sie schön in eine Tortenpfanne, gib weiße Sauce hinzu, streue Semmelbrösel darüber und backe schön aus.

Tagebuchnotiz   1804

Der gute Kaiser Franz, wie er hier war –
zu Besuch beym Großherzog Ferdinand, seynem Bruder, unserm neuen Herrn –
Es war eyne Ehre, daß wir beym Bankett dabei sein haben dürfen, dem Kaiser so nahe.
Aber ich will das nicht aufschreiben.
Ich hab' schon genug Angst um den Schani beim Landwehrbataillon ausgestanden, nimmt der Krieg

kein Ende? An den Frieden glaub' ich nicht. Den
Franzl sollen sie mir nicht auch noch holen, er ist
ja noch keine 15 Jahre alt, aber die überstellen ihn
ohne Genieren vom Gymnasium als Privatkadetten
zur Linien-Infanterie! Ich pack den Buben bey
der nächsten Gelegenheit und fahr mit ihm nach
Wien. Er soll in die Militärakademie nach Wiener
Neustadt, dort können die Buben nemmlich Männer
werden, eh man sie abkommandiert.
Und wenn ich mich dem Kaiser Franz zu Füßen
werfen müßt – nichts täte mich verdrüsen.

❧❀❀❧ *❧❀❀❧* *❧❀❀❧* *❧❀❀❧*

Filets von Gurken in Rahm, mit Eyern garniert.

Du nimmst: 1 kg Gurken, 1 Zwiebel, Essigwasser,
Salz, Pfeffer, einige Löffel Rahm, etwas Butter,
Petersil oder Schnittlauch, einige hartgekochte Eyer,
allfalls einige rohe Eydotter.
Schneide die geschälten Gurken quer, nimm mit dem
Silberlöffel fein das Inwendige heraus. Nun stichst
du mit einem Formenausstecher Figuren aus,
Manderln, Weiberln oder Sterne, Herzen, Monde.
Die werden zusammen mit einer ganzen, geschälten
Zwiebel in der Butter auf das Feuer gesetzt, Salz
und Pfeffer dazu, mit dem Essigwasser bedeckt, und
nun läßt du alles so lange schwitzen, bis die Feuchtigkeit eingekocht ist. Nun kommt der Rahm hinzu,
etwas gehackten Petersil oder Schnittlauch. Du
kochst noch einmal kurz durch und legierst dann mit
dem Gelben von ein paar rohen Eyern, es muß
aber nicht sein, willst du sparen. Denn garnieren
tust du die schön ausschauende Speise ohnehin mit
einigen hartgekochten, zerschnittenen Eyern.

Speckgurken.

Du nimmst: 10 dkg Selchspeck, Schlangengurken
für 4 Personen (¾ kg), ¹/₂ kg Erdäpfel, Suppe, etwas
Essig, etwas Rahm oder Milch, etwas Mehl, Salz,
Pfeffer, Zucker, so viel Kräuterarten, als du im
Garten finden kannst.

Schneide den Speck in Würfel, laß ihn in einer
Pfanne heiß werden. Gib das Mehl dazu und laß
es anlaufen. Die Gurken schäle, schneide sie der
Länge nach auseinander und nimm mit dem Silberlöffel fein das Inwendige heraus. Nun kannst sie
klein schneiden auf Würfel oder Scheiben. Gib's
zum Speck, gieß mit verdünntem Essig auf, salze,
eine Spur Zucker, laß es dünsten. Mit Suppe abschmecken, kurz vor dem Anrichten gibst du die
gekochten, blättrig geschnittenen Erdäpfel dazu,
pfefferst. Zuletzt Rahm oder Milch. Darüber streust
du die gehackten Kräuter, soviel du magst, daß
es eine schöne grüne Farbe macht.

Zuckergurken.

Du nimmst: Etwa ¹/₂ kg Gurken, gewöhnlichen
Essig, guten Weinessig, halb soviel Zucker, als die
rohen Gurkenfiguren wiegen, weiße Pfefferkörner,
1 Zimtstange, 1 Stück getrockn. Ingwer.

Schneide die geschälten Gurken quer, nimm mit
dem Silberlöffel fein das Inwendige heraus. Nun
stichst du mit dem Formenausstecher Figuren aus
(wie bei den Filets, also Manderln, Weiberln oder
Sterne, Herzen, Monde). Das trägt bei Gesell-
schaftsessen immer zum Amüsement bei, die
Gurkenfiguren zu erkennen und darüber Konver-
sation machen. Die Gurkenfiguren überkochst du
kurz in gewöhnlichem Essig. Dann kommen sie in

eine Mischung aus: gutem Weinessig, halb soviel Zucker, als sie wiegen, dazu kommen weiße Pfefferkörner, eine Zimtstange und ein Stück trockener Ingwer. Nun kochst du ein paar Minuten, die Stücke dürfen aber nicht weich werden, sie müssen kernig bleiben! Ausgekühlt, schmecken sie sehr pikant zu jeder Art Fleisch.

Petersil als Gemüse.

Du nimmst: recht viel jungen Petersil, Butter oder Rindsfett, 3 Löffel Mehl und Brösel, helle Grundsuppe, Salz.

Thue den Petersil schön verlesen und waschen, überbrüh mit heißem Wasser. Drück ihn dann aus, wiege ihn fein. Manche lassen ihn auch ganz. In der Rindsfetten oder Butter röste Mehl und Brösel blond, thue den Petersil dazu. Gieße mit der Grundsuppe auf und laß kochen, doch nur kurz, weil der Peterl sonst nicht mehr schön grün bleibt.

Dazu paßt sehr gut Rindfleisch, gekocht, auch Grilliertes oder gebratene Tauben. Wenn du Spargeln hast, kannst du sie, gekocht und zierlich geschnitten, auch zum Peterl in die Sauce geben, kannst auch kleine Bröselknödel oder Markknödel oben drauflegen.

Sauerampfer als Gemüse.

Dieses Gemüse schmeckt gut und ist sehr gesund, mach es am besten im Frühjahr, wo es wenig anderes frisches Gemüse gibt. Machst du es später, sind die Blätter schärfer, du mußt dann länger wässern, weil's zu streng schmecken würde. Reiche es zu Rindfleisch, aber auch zu Kalb- und Hammelcoteletten.

Du nimmst: Junge Sauerampfer-Blätter, mehrere Hände voll, Mehl, Butter, wenig helle Grundsuppe oder Kraftsuppe, der Sauerampfer hat selber viel Saft, 2 Eyerdotter, Muskathen, Salz.

Thue den Sauerampfer nach dem Putzen eyn oder 2mal durchschneiden, waschen und eynige Minuten in heißes Wasser legen. Gieß dann ab und drücke den Sauerampfer aus. Thue Butter in ein Kasserol und Mehl dazu (rechne für 1 Handvoll überbrühten Sauerampfer 1 Eßlöffel Mehl), röste, thue das Gemüse dazu, rühr um, thue eyn wenig Suppen dazu. Laß nur kurz kochen, etwa 10 Minuten, würze mit Salz und Muskathen und legiere mit den Eyerdottern.

Spinath.

Thue ihn gut verlesen und waschen. Damit er schön grün bleibt, koche ihn nur 5 Minuten in leicht gesalzenem Wasser. Hernach thue ihn sogleich in kaltes Wasser und sodann auf ein durchlässiges Thuch, wo du ihn fest ausdrückst. Nun hacke ihn fein und thue ihn in etwas heiße Butter, nicht zu viel, weil der Spinath ein Fettenschlucker ist, dann thue feine Semmelbrösel oder die von feinem Zwieback hinzu, gieße mit Suppe, Milch oder Wasser auf (in diesem Falle schmeckt er aber recht grasig), würze mit Muskathen und salze nach. So laß den Spinath eyn kleines Zeitl dünsten, mußt aber umrühren, weil er spuckt. Man kann auch Knofl, feyngedrückt, dazuthun.

Ist es eyne bessere Mahlzeit, so richte ihn so an: Auf die Servierschüssel thust du rundherum blond gebratene Semmelscheibchen sowie Spiegeleyer oder Ochsenaugen oder verlorene Eyer oder hartgekochte, die du schön theilest. Darein thue in die Mitten den Spinath. Es passen sehr gut gebratene Erdäpfel dazu.

Spinath ist eyne gute Beylage für: alle Arten Fleisch, gekocht oder gebraten, Geselchtes und Geräuchertes, verschiedene Fischspeisen, Würste aller Art sowie Teigspeisen wie Omelettes.

Eyn Kochgeheimnis ist ferner, daß das Spinathwasser viel taugt: wenn du Linsen oder Bohnen machst, am besten am Tag nach dem Spinathessen, so hebe das Kochwassser vom Spinath dafür auf, weil die Hülsenfrüchte darin gut weich werden.

Glacierte Zwiebeln.

Paßt zu jedem gebratenen, gegrillten und gekochten Fleisch als weitere Beilage.

Du nimmst: kleine oder mittlere Zwifln, Butter, Salz, Zucker, helle Grundsuppe.

Schäl fein die Zwifln, so daß sie rund und gleichmäßig ausschauen. Ein Kasserol schmier mit Butter aus. Rangiere die Zwifln in das Kasserol, salze sparsam darüber, dann gib Zucker auf den Grund (1 Theelöffel voll etwa für 15 kleine Zwifl). Nun gieße mit der Suppe auf, soviel, daß die Zwifln schön bedeckt sind, und laß kochen. Wird die Suppe immer weniger, so daß nur mehr $\frac{1}{4}$ von vorhero da ist, stell die Zwifln nur mehr auf ganz schwaches Feuer, wo sie bald glacieren und die Suppe fast verschwunden ist.

Mehlspeisen.

Allerley Backteige.

Fleischstückln oder solche von Gemüsen oder Obst geben gute Speisen ab, wenn du sie herausbäckst, wozu du Butterschmalz oder Schmalz nimmst.

Weinteig.

Dazu brauchst du: $^1/_8$ l Wein, 4 dkg Zucker, 4 dkg Butter, 8 dkg Mehl, 4 Eyerweiß, eine Prise Salz.
Thue den Wein in ein Kasserol, Butter und Zucker hinein, laß unter Rühren fast aufkochen. Stell es weg zum Auskühlen. Schlage den Schnee der Eyer steif. Füge ins Weingemisch das Salz und unter Rühren das Mehl, zieh zuletzt den Schnee unter. Tauch das Herauszubackende gut in den Teig, dreh es von allen Seiten ein und back es in Fett heraus.

Dotterteig.

Dazu nimmst du: $^1/_8$ kg Mehl, $^1/_8$ l Milch oder wenig gewässertes Obers, 4 Eyerdotter oder 5, den Eyer-schnee, 1 Prise Salz, 1 Prise Zucker, 1 Theelöffel feinen Kräuterschnaps oder Rum.
Rühr Mehl, Milch (oder Obers) mit den Eyer-dottern, Salz und Zucker gut durch. Thue dann den Schnee und den Schnaps oder Rum dazu. Rühr nochmals zart durch. Nun kannst du alles, was du herausbacken willst, hineinthun und in Butter-schmalz oder Schmalz herausbacken.

Bierteig.

Du nimmst: 18 dkg Mehl, $^1/_4$ l Bier, 1 Löffel Öl, zerlassene Butter oder gute Rindsfetten, 2 Eyerweiß, Salz, Pfeffer.

Rühr alles, bis aufs Eyerweiß, gut ab, thue dann den steifgeschlagenen Schnee unterziehen, und nun kannst du das Gewünschte rundherum eintauchen und herausbacken.

Brief Hohenwarter an Anna Maria   1805

Anna Maria!
Du warst beim Kaiser in Audienz, und es muß gut ausgegangen sein, denn der Franzl ist jetzt in Wiener Neustadt, wie ich erfahren habe.
Dir geht ja alles gut aus!
Ich habe die ganze Nacht auf Dich gewartet, aber mich hat die Gnädige ja vergessen, deren Kutsche erst in der Früh abgefahren ist.
ANNA, WO WARST DU IN DIESER NACHT?
Du hast mir ein Billett geschickt: »um 20 Jahre zu spät, Franz, Du ewige Schildkröthe!«
Anna Maria, oh my Mary Anne! Hätte ich vor 20 Jahren als Habenichts und – freilich – ein Esel von schrecklicher Unentschlossenheit Dich, junges Weib, in ein gemeinsames Elend stürzen sollen? Denn bey uns wäre es gewiß nicht bey einem Kind geblieben!
Und doch hätte ich es thun sollen, so daß, weil ich nicht den Muth dazu fand, mein Leben eines der allertristesten geworden ist.
Verachte dafür doch nicht bis zum Tode

Deine Schildkröthe
Franz

Gesalzene Mehlspeisen.

-❦-⚜-❦-

Brösel-Knöderln.

Gesalzen oder auch süß zu machen: gut und billig.
Nimm: 5 dkg Butter oder Rindsfetten, 3 Eyer,
Semmelbrösel, etwas Salz, Milch, allfalls Petersil,
allfalls noch 1 Ey, nochmals Brösel und Schmalz,
allfalls etwas Zucker.

Rühr die Butter oder Rindsfetten gut, treib sie mit
den Eyern ab, salz eyn wenig. Thue soviel Bröseln
dazu, als es aufnimmt. Willst du die Bröselknöderln
gesalzen auftragen, thue gehackten Petersil dazu,
willst du sie süß, statt dessen etwas feinen Zucker.
Laß eyne Weile stehen. Nun mach mit dem Löffel,
aber besser sind deine Hände, kleine Knöderln
aus der Masse, die du gleich in Suppe oder Wasser
einkochst. Oder banniere sie in Ey und Brösel und
back sie in Schmalz heraus. Wenn sie süß sind, paßt
dazu Kompott oder Fruchtsauce.

Erdäpfel-Nudeln.

Du nimmst: 1 Stückl Schmalz (5 bis 10 dkg auf
1 kg Erdäpfel), die Erdäpfel, Salz, 2 Eyer, allfalls
Muskathblüthe.

Koch die Erdäpfel weich, schäl sie ab, laß sie abkühlen. Reib sie auf einem Reibeisen, salze sie.
Thue das Schmalz in ein Kasserol, laß es zergehen,
rühr es ab, thue die Erdäpfel hinein, rühr gut ab.
Thue die Eyer dazu und allfalls die Muskathen und
rühre weiter. Aus diesem Teig mach Nudeln und
back sie in Schmalz heraus.

Paßt sehr gut zu Schweinsbraten. Du kannst sie aber auch ohne Fleisch mit Salat reichen, thue da noch heißes Schmalz darüber, oder frische Grammeln*.

Erdäpfel-Knödl.

Ebenso wie die Nudel: zu Fleisch und Salat, oder nur zu Salat für die gemeine Tafel.

Du nimmst: $1/4$ kg Erdäpfel, gerieben oder zerdrückt, 8 dkg Butter oder Schmalz, 2 Eyer, Salz, Petersil, einige Löffel Grieß oder Mehl, etwas Brösel.

Thue die Fetten und Dotter abtreiben, dazu gib nun die zerdrückten oder geriebenen Erdäpfel, den fein zerhackten Peterl, Salz, Grieß oder Mehl, soviel es braucht, sodann thue den Schnee hinein, dann genug Brösel, so daß du Knödel mit den Händen machen kannst. Leg die kleinen Knödel in kochende Suppe ein, sie brauchen nur kurze Zeit.

Heidensterz.

Dazu brauchst du: $1/2$ Liter Heidenmehl, 15 dkg Schmalz oder Speck, Salz.

Als Beilage geht Schwammerlsuppe oder Rindsuppe oder guter Milchkaffee.

Laß etwa $1^1/_2$ l gesalzenes Wasser aufkochen. Gieße das Heidenmehl unter Umrühren hinein, laß etwa 10 Minuten kochen. Zudecken! Dann thue das anklebende Mehl vom Rand weg und fahr mit dem Kochlöffel unter den Mehlknödel, der sich gebildet hat, und dreh ihn schön um. Laß wieder 10 Minuten zugedeckt kochen. Wenn aber die 1. 5 Minuten um sind, fang den Knödel und stich einmal mit dem Kochlöffel durch und durch, damit das Heidenmehl

* Grieben.

schön ausquellen kann. Sind die 10 Minuten um, gieße das Kochwasser in ein anderes Gefäß. Den Mehlkloß zerreiße mit Gabeln in zwei Theile. Rühre die Stücke mit der Gabel weiter, während du mit der linken Hand vom heißen Wasser immer wieder mit einem Schöpfer auf die mehligen Stellen gießest. Es sollen schöne, rundum gleichmäßig feuchte Stückln entstehen.

Nun laß vom Schmalz 10 dkg heiß werden, nimmst du Speck, würfle ihn und laß ihn aus. Das gieße über die Sterz-Bröckeln, rühr um, deck zu und lass es auf kleinem Glutl oder in der Ecke vom Herd eyne gute Viertelstunde stehen. Nun zerreiße den Sterz wiederum mit der Gabel oder zweyen, thue ihn auf die Anrichtschüssel und den Rest vom Schmalz oder die Grammeln heiß darüber. Dazu reiche Schwammerlsuppe, Rindsuppe oder guten Milch-kaffee, was sich jeder dann über seine Portion selber gießt.

***

Zettelnotitz

Bey der Frau Güteramtsdirektor von Bleyen gab es eine deutsche Tafel, die Bleyen kommt aus Sachsen. Ich hätte nicht geglaubt, daß die Sachsen eine so gute Küche machen. Mein Eckhart, der nur ißt, was er kennt, war in Nöthen, denn dazu ist er obendrein so fein in den Sitten! Er wußte nicht, wie die Speisen hinunterschlucken. Mir haben die Mischungen von salzig und süß, von Fleisch und Frucht und so sehr gut geschmeckt. Die Tafel war:

Suppe von viel grünen Kräutern
Pudding vom Hasen
Rindsbraten

Als Nachspeise die Kas-Ballerln, von denen mir die Bleyen gleich das Rezept gesagt hat. Die anderen Sachen sagt sie mir bald, an dem Abend wollte sie die Köchin nicht noch durch Ausfragen strapazieren.

❊❊❊❊❊

Kas-Ballerln.

Du nimmst: 7 Eier, 7 Löffel Rahm, 7 Hände voll geriebenen Käse, 3 Hände voll Mehl, 5 dkg Zucker, 1 dkg Butter, Rosinen, wie du magst, etwas geriebene Muskathen, etwas Salz.

Aus dem Schnee der 7 Eyer und allem anderen machst du einen Teig, formst daraus runde oder längliche Bällchen, die du in Butter auf beiden Seiten ausbäckst. Mit heißer Butter übergossen servieren, wenn du es etwas süßer magst, noch zuckern.

Es paßt dazu jedes Kompott, sehr gut ist Pflaumensauce.

Mark-Pudding-Kuchen.

Du nimmst: Semmelscheiben, Obers, Mandeln, Zucker, 1 Eyerdotter, Oxenmarkscheiben.

Die Mandeln schneide fein stiftelig, das Oxenmark zerdrücke gut. Den Eyerdotter sprudle mit etwas Obers ab. Nun tauche die Semmelscheiben gut in Obers ein, schlichte sie in eyne Backform, die du mit Butter ausgeschmiert hast. Über die Semmelschnitten streu die gestifteten Mandeln, das zerdrückte Mark sowie Zucker. Darüber gieße den abgesprudelten Eyerdotter. Back den Markpudding-Kuchen schön im Backrohr.

Nudel- und Fleischauflauf.

Eyne gute und sättigende Speise für sparsame Tage.
Du nimmst: Fleischreste von Kalb oder Rind, wie
sie beim Zurichten für bessere Speisen abfallen,
Wurzeln, Gewürze, gute Rindsfetten, Mehl, Salz,
jede helle Suppen, Bröseln, Eyergelb, breite Nudeln,
Milch, Butter.
In einem Kasserol dünste das Fleisch, das roh
sein soll, mit den Wurzeln und den Gewürzen (wie
du sie gerade hast) und mit der Rindsfetten weich.
Vergiß nicht zu salzen! Thue alles aus dem Kasserol,
laß abkühlen und stoß es im Mörser. Ins Kasserol
mit dem Fettrest thust du etwas Mehl und Semmelbrösel, rührst durch und gießest mit der Suppen
auf. Thue den Mörserinhalt dazu, laß aufkochen.
Es soll dick sein. Laß abkühlen, legiere mit den
2 Eyergelb. Die Nudeln koche in Milch mit etwas
Butter weich. In ein Kasserol, das du mit Butter
ausgeschmiert hast, thue abwechselnd Lagen von
Nudeln und Fleischmasse, salze nach und back es
fein.

Gefüllte Semmeln auf englische Art.

Du nimmst: kleine Semmeln, 12 Stück, etwas
Schmalz, $^1/_8$ kg Oxenmark (oder sonstiges feines
Beinmark), 1 in Milch geweichte, ausgedrückte
Semmel, 1 Ey, 1 Eyerdotter, etwas Zucker, 1 Prise
Salz, etwa $^1/_2$ l Milch, 3 weitere Eyer, etwas süßen
Rahm, Muskathblüthe.
Reib von den 12 Semmeln rundherum etwas ab,
schneide die Deckel weg. Höhl die Semmeln aus
und backe sie in Schmalz. Nun rühr das Mark und
treib es ab, thue die in Milch ausgedrückte Semmel
hinzu, 1 Ey, 1 Eyerdotter, 1 Prise Salz, etwas

Muskathblüthe, etwas Zucker (den kannst du auch weglassen, wenn du das Süßliche nicht magst). Fülle die gebratenen Semmeln damit, setz ihnen ihre Deckel wieder auf. Thue sie in den $^1/_2$ l Milch hineinsetzen, daß sie sich ansaufen. Nun sprudle die 3 weiteren Eyer mit etwas Rahm ab, salze eyn wenig. In eyne gebutterte Form setz nun die gefüllten Semmeln mitsamt ihren Deckeln, gieße die mit Rahm versprudelten Eyer darüber und laß backen, bis das Darübergegossene fest geworden ist.

Süße Mehlspeisen.

1 feine Apfel-Scharlottel.

Für diese Nachspeis kannst du Falläpfel oder wurmstichige, die du ausstichst, verwenden. Du kannst sie auch aus Birnen machen.

Du nimmst: Äpfel oder Birnen, etwas Weißwein, Butter, Zucker, Weißwein, Zibeben,* geschnittene Semmeln.

Schneid das Obst blättrig, dünst es in Butter, thue Zucker und Weißwein dazu. Ist es weich, aber nicht ein Brei, da paß auf, thust du die Zibeben dazu. In eine gut mit Butter ausgeschmierte Form thust die geschnittenen Semmeln, darauf die Obstmischung, darüber wieder geschnittene Semmeln. Gib kleine Butterstückln drüber, zuckere nochmals und laß backen.

* Große Rosinen.

Gute Apfelspeise.

Du nimmst: 12–15 beliebige Äpfel, $\frac{1}{8}$ kg feingehackte Mandeln, $\frac{1}{8}$ kg Rosinen, 2 Eyer, etwas Mehl, Butter, 1 geriebene Semmel oder 1 Zwieback, 1 Schale Rahm oder Milch.

Schäle die Äpfel und schneide sie in Scheiben. Reibe die Semmel oder Zwieback. Gib abwechselnd eine Reihe Apfelscheiben und geriebene Semmel oder Zwieback in eine mit Butter ausgestrichene und mit geriebener Semmel bestreute Form und Rosinen und Mandeln. Streue etwas Zucker darüber. So füllst du die Form bis oben. Nun versprudelst du die 2 Eyer mit Mehl, gibst sie zu der Schale Rahm oder Milch, sprudelst noch einmal gut durch und gießt es über die Apfelspeise, gibst noch kräftig Butterstückchen obendrauf und bäckst eine gute Stunde.

Kannst auch die geriebene Semmel oder den Zwieback in Butter schwenken, es muß aber hell bleiben.

Kannst auch auf die Apfelscheiben Lemony geben.

Die preußischen Äpfel zu bereiten.

Es heißt, daß die Preußen nicht gut köchen, doch das ist unwahr. Sie können viele gute Speisen, etwa dieses Dessert:

Du nimmst: soviel große, säuerliche Äpfel, als in eine Tortenform hineingehen, Butter, Mandeln, Corinthen*, Lemony, Zucker, 2 Glas Weißwein, etwas Zimt.

Thue die Äpfel aushöhlen und schälen, rangier sie in einer Tortenform, die du vorhero mit Butter

---

* Korinthen; kleine Rosinenart.

ausgeschmiert hast. Streu gehackte Mandeln, Corinthen und Lemony-Zucker (das ist Zucker, auf
den du das Lemonygelb abgerieben hast) darüber,
schön dick. Gieße ein Glas Wein darüber. Drück
den Saft von 1 Lemony darüber, bestreue noch mit
Zucker, du kannst auch Honig nehmen. Nun laß
im Ofen backen, gieß 1–2mal noch etwas Wein
darüber, doch achte, daß es nicht zu weich wird.
Rangier nun die Äpfel auf einer Porzellanschüssel.
Den Rückstand in der Tortenform koche mit Wein
heraus und thue ihn auf die Speise.

Tagebuchnotiz   1805

Frau von Berchtold erzählte vom Testament des
Reichsfreiherrn: 300 Gulden jährlichen Fruchtgenuß
hinterließ er ihr, wenn sie stirbt, geht das Kapital
wieder an die Erbmasse zurück.
Weil die Frauen in den Ehen ja gehen und kommen,
so muß das Geld beim Mann bleiben und den
Kindern.
Ich erzählte Eckhart davon. Er sagte, das Frauenlos
ist ein schweres, dienen, gebären und dann sterben.
Welche nicht heirathet, ist noch schlechter dran.
Als Dienerin ohne Lohn pflegt sie die Alten und
bleibt ihr Leben eine halbe Portion.
Eckhart, Du sollst aber nicht sterben! Er zeigte mir
sein Testament, er ist ja nicht mehr recht gesund.
Er hat fast alles mir vermacht, denn nur durch
meinen Fleiß und meine treue Liebe ist er zu seinem
Wohlstand gekommen, steht darinnen.

Und daß er mir völlig vertraut, daß ich auf die Kinder schaue, genau so gut wie er, wenn er nicht mehr ist.

Gute Reis-Birnen.

Du nimmst: $\frac{1}{8}$ kg Reis, Milch, 8 dkg Butter, 3 Eyergelb, Zucker, Lemonyschölerl, Zimt, Vanille, Weinbeerln, gelbe Rüben, Nägl, Semmelbrösel, Backfetten.

Koch den gewaschenen Reis in der Milch, daß er schön dick wird. Ist er abgekühlt, rühr Butter und Eyergelb hinein, sowie Zucker, abgeriebene Lemony-schölerl, Zimt und Vanille. Es muß so fest sein, daß du daraus jetzt schöne Birnen formen kannst,

in die du statt Kerne und Putz Weinbeerln und Nägl steckst. Den Stengel mach aus gelben Rüben, die du gemäß dünnstengelig schneidest und oben hineindruckst. Leg die Birnen, die du fein mit Bröseln bestreust, in heiße Butter und back sie sorgsam heraus.

Chokolade-Brot-Kuchen.

Du nimmst: $^1/_2$ kg gutes Schwarzbrot, gestoßen und durchgeseiht, oder frisch gerieben, Milch, $^1/_4$ kg Butter, $^1/_4$ kg Zucker, $^1/_4$ kg Chokolade, abgeriebene Lemonyschölerl, Zimt, Nelken, Kardamom, 9 große oder 10 kleine Eyer, noch etwas Butter.
Rühr das Brot nach und nach mit Milch glatt, stell es auf eyn Glutl, thue Butter und Zucker dazu, laß unter fleißigem Rühren aufkochen. Nun thue die geriebene Chokolade, Zimt, Nelken, Kardamom sowie die geriebenen Lemonyschölerl dazu, zieh's vom Feuer. Rühre nach und nach die Eyerdotter sowie den festgeschlagenen Schnee der Eyerweiß ein. Bestreiche eine Backform mit Butter, thue den Teig hinein, laß ihn backen.
Du kannst auch auf den Teig ein Gitter von Butterteig und einen Rand rundherum thuen, ehe du ihn bäckst.

Gerstel-Auflauf (eyne gute, billige Nachspeise).

Mach eyn geriebenes Gerstel von Eyerdottern, reib es sodann ganz fein. Koch es in Milch eyn, daß es recht aufgeht. Nun rührst du Butter cremig, thue Zucker hineyn, so süß du die Speise magst. Nun thue den Eyerschnee der verbliebenen Eyweiße unterziehen sowie das gekochte Gerstel, aber die

Reihenfolge mußt du verkehrt machen, der Eyerschnee kommt zuletzt! Schmier eine Form mit
Butter und koch den Auflauf im Dunst.

Kaffee-Auflauf.

Du nimmst: 4 Deziliter Gemisch von Obers und
starkem Kaffee, 7 dkg Zucker, 2 Löffel Mehl,
7 dkg Butter, 5 Eyer.
Das Obers-Kaffee-Gemisch soll schön kalt sein.
Rühr nach und nach das Mehl und den Zucker
hinein, koch es unter fleißigem Rühren auf einem
Glutl zu einem dicken Koch. Während es dann
auskühlt, schlag die 5 Eyerweiß zu Schnee. In das
dicke Koch rühr die Butter sowie die Eyergelb,
zieh dann den steifen Schnee unter.
Back es in einer Auflaufform oder noch besser im
Model.

Kastanienkugeln.

Du nimmst: Kastanien in beliebiger Menge, gekocht
und passiert, Vanille-Zucker, Butter, Marillenmarmelade*, etwas Rum, gezuck. Schnee, allfalls
Schlagobers**.
Die passierten Kastanien vermische gut mit Vanille-
Zucker, je nachdem, wie süß du es magst, soviel.
Ist es dir zu trocken, feuchte mit Rum. In eyne
gebutterte, feuerfeste Schüssel schichte die Kugeln
eyn, daß sie wie eyn Berglein werden, streiche
Marillenmarmelade dazwischen, thue obendrauf den
gezuckerten Schnee. Backe es und trag es gleich zu

* Aprikosenmarmelade.
** Schlagsahne.

Tisch. Frischen Schlagobers kannst du dazu aparte reichen, da kannst du den gezuckerten Schnee weglassen. Es geht aber auch beides und schmeckt gut.

Kastanien-Obersschaum.

Du nimmst: $^1/_4$ kg Kastanien, gekocht und passiert, an Gewicht etwas mehr Obers, das du zu Schaum schlägst, Zucker, süßen Likör (am besten Maraschino). Die passierten Kastanien vermische mit dem Likör. Das ganz kalte, frische, süße Obers schlag mit der Schneerute, bis es fester Schaum geworden ist (es geht am besten mit einer Rute aus geschälten Birkenzweiglein, und das Gefäß, in dem du schlägst, soll vorher lange auf Eis gestanden seyn). Zieh den Schaum unter das Kastanienpüree, zucker nach Belieben, kannst es auftragen.

Mohr im Hemd (feyner Chokolade-Pudding).

Du nimmst: 15 dkg Chokolade, 1 eyschwer Butter, 7 Eydotter, Eyerschnee von 4 Klar, 12 dkg Zucker, geschlagenes Obers (gezuckert).
Lös die Chokolade unter Umrühren in $^1/_4$ l–3 Deziliter Wasser auf kleinem Glutl auf, laß etwas einkochen, dann abkühlen, während du weiter rührst. Aus der Butter, den Dottern und dem Zucker mach eynen Abtrieb, zieh den Eyerschnee darunter. Rühr alles mit der aufgelösten Schokolade zusammen, füll es in eine Form, die du in Dunst sorgsam kochst. Trag das Mohrenkoch, das du auf eine warme Schüssel herausstürzest, warm auf, reiche dazu geschlagenes, gezuckertes Obers.

Eyn guter Mürbteig.

Du nimmst: $^1/_4$ kg Butter, $^1/_2$ kg Mehl, $^1/_8$ kg Schmalz, 4 Eyerdotter, etwas Milch, etwas Wein, 1 Prise Salz. Aus dem Mehl, der Butter, dem Schmalz und der Prise Salz mach eynen Teig, walk ihn, blattel ihn, schlag die 4 Eyerdotter dazu, danach den Wein, danach die Milch. Schlag den Teig, laß ihn rasten, schlag ihn wieder. Dann walk ihn nochmals aus. Nun ist er gutt, und du kannst aus ihm machen, was du willst.

Rahmstrudel.

Du nimmst: 1 ausgezogenen Strudelteig, 4 dkg
Butter, 4 Eyerdotter, 4 Deziliter Rahm, Schnee der
4 Eyerweiß, 4 Eßlöffel Zucker, eine Prise Salz,
5 dkg Weinbeern, 4 dkg geschnittene Mandeln,
dies ist für die Fülle. Allfalls noch etwas Butter,
$^1/_4$ l heiße Milch, etwas Zucker, 1 kleines Vanille-
stangl.
Mach eynen Abtrieb aus oben Genanntem, streiche
ihn auf den Strudelteig, roll ihn schön zusammen.
Ein Backblech oder eyn großes Kasserol schmier
mit Butter, thue den Strudel wie eyne Schnecke
hinein, schmier ihn mit der Gänsefeder schön mit
zerlassener Butter ein und backe ihn, bis er schön
blond ist. Willst du den Strudel noch saftiger haben,
begieße ihn nach der halben Backzeit mit der heißen,
leicht gezuckerten Milch, in der du das Vanille-
stangl aufgekocht hast.

Eynen feinen Topfen-Koch zu machen.

Du nimmst: 1 Seidel* Milch, 5 ganze Eyer, Lemonysaft, $^3/_4$ kg Butter, 12 Eyerdotter sowie den Eyerschnee, $^1/_4$ kg Mandeln, gestoßen, $^1/_4$ kg Zucker,
fein gestoßen.
Thue die Milch in eyn Höferl, schlag die 5 ganzen
Eyer hinein, thue eynige Tropfen Lemonysaft dazu.
Stell es auf eyn Glutl, daß es zusammenrinnt und
eyn Topfen wird. Thue ihn auf eyn Sieb und laß
ihn abrinnen. Nun thue die Butter abtreiben,
schlag die 12 Eyerdotter dazu, füge sodann die
gestoßenen Mandeln und den Zucker dazu, die du
mit dem abgetropften Topfen gut verrührt hast,

* 0,35 l.

zuletzt den Eyerschnee. Nun schmier eyn Dorten-blattl oder eyne Schüssel mit Butter, thue das Koch hinein, back es lind. Wenn du weniger Koch haben willst, nimm weniger Butter und im Verhältnis dazu Eyer.

Eine Vanillesauce (auch Mandelsauce).

Du nimmst: $^1/_2$ l Milch oder Koch-Obers, 5 dkg Zucker, 3 Eydotter, noch etwas Milch (oder Obers), etwa 1 Kaffeelöffel Kartoffelmehl, etwas feingesto-ßene Vanille oder 5 dkg feingestoßene süße Mandeln und 5 Stück bittere Mandeln, detto gestoßen.
Du gibst die Milch (Obers) mit dem Zucker und der Vanille auf den Herd, rührst, bis es kocht, stellst es weg. Das Kartoffelmehl verquirlst du gut mit den Eydottern und paar Löffeln Milch (Obers), gibst es hinein, unter Rühren. Nur mehr sanft ziehen lassen! Wenn du statt Vanille Mandeln nimmst, mußt du die Sauce fein durchseihen. Dann heißt sie auch Mandelsauce. Sie ist sehr gutt, wenn du sie kalt zu kalten Nachspeisen sowie warm zu warmen gibst.

Weintraubenstrudl.

Du nimmst: 1 ausgezogenen Strudlteig, in Butter geröstete Semmelbrösel, reife Weintrauben, gelb oder blau, Zucker, Zimt, Butter.
Den Strudelteig bestreu mit den gerösteten Semmel-bröseln, vertheile die Weintrauben darauf, bestreue sie mit Zimt und Zucker. Roll ihn zur Schnecke und thue ihn auf ein gebuttertes Backblech, schmier ihn oben mit Butter, laß ihn fein backen. Wenn er fertig ist, bestreu ihn nochmals mit Zimt und Zucker.

Wollfenzel, wie Tante Amélie sie macht.

Eine feine Wiener Nachspeise.

Du nimmst: $^1/_8$ kg Butter, 7 große oder 8 kleinere Eyer, $^1/_8$ kg gestoßene süße Mandeln, $^1/_8$ kg Zucker, gestoßene und feingesiebte Vanille.

Die Butter soll schon weich sein. Rühr sie schaumig, gib nacheinander Dotter, Zucker, Mandeln und Vanille dazu, rühr weiter sorgfältig. Gib den Schnee der Eyweiß, die du mit etwas Salz besser schlagen kannst, dazu. Du kochst den Wollfenzel aus Wien in Dunst und reichst dazu Vanillesauce. Es eignet sich dazu aber auch manches andere.

Kompott aus schwarzen Heidelbeeren zu bereiten, sowie Eyniges über schwarze und weiße Nüsse.

Mit dem Einsieden und Einlegen ist es wie bey den Kräuteln. Wenn man davon zu reden anfängt, kann man gar nimmer aufhören, soviel ist darüber zu sagen. Ich möchte dir eyn eigenes Einsiedbüchl schreiben.

Es hat dir immer gefallen, wie bei uns die Marmeladen auf den Tisch kommen: in kleinen irdenen Töpfln, mit Leinwand zugebunden. Auf der Leinwand von jedem Töpfl ist die Frucht aufgestickt, die drinnen im Töpfl als eyne Marmelade eingefüllt ist. Man muß mehrere von den gestickten Leinwanddeckerln haben, um zu wechseln, weil sie ja leicht nicht mehr blühsauber ausschauen. Ich habe von jeder gestickten Frucht 7 Deckerln, insgesamt 70, weil wir 10 Fruchtarten für unseren Frühstückstisch mögen. Gestickt hat sie deine Tante Mathilde, der Herr sey mit ihr, sie stickte wunderschön für uns alle, sie hatte Zeit genug zum Sticken, denn

sie starb unverheiratet, wodurch ihr mancherley
entgangen ist in diesem Jammerthal, aber nicht
abgegangen, wie sie immer sagte.

Zum Einsieden rechne eyne Zeit von 3–6 Tagen,
die du insgesamt brauchst für alles. Jede Frucht
soll reif und fest und frisch vom Baum seyn. Was zu
reif ist, gärt leicht! Damit die Früchte doch weich
genug sind, blanchiere sie, ehe du anfängst mit dem
Einkochen.

Doch nun das Rezept für:

Schwarze Heidelbeeren.

Die gut verlesenen frischen Heidelbeeren dünstest
du mit ganz wenig gestoßenem Zucker nicht zu
weich, dann thuest du sie noch heiß in vorgewärmte,
reine Flaschen einfüllen. Verschließ die Flaschen
gut, laß sie auskühlen. Dann stelle sie aufrecht in
Sand. (Mach dir dafür eine Sandkiste im Keller.)
Die Heideln passen zu jedem Schmarrn und
Mehlspeisen, auch zu Fleisch, da koch sie mit
Rotwein auf und säuere allfalls mit Lemonysaft.

Schwarze Nüsse.

Wenn die grünen Nüsse noch weich sind (Anfang
Juli), nimm sie ab. Stich jede ein paarmal mit der
Nadel durch, leg sie dann in Wasser auf 2 Wochen,
doch mußt du dieses täglich erneuern. Dann thue
sie in Salzwasser und koch sie weich. Das sind sie
dann, wenn sie von der Nadel fallen, stichst du sie
an. Thue sie nun über Nacht in eyn kaltes Wasser.
Am nächsten Tag laß sie im Sieb abtropfen, hernach
thue sie abwiegen. Für 1 kg Nüsse nimm 1 Liter

Wasser. Dieses kochst du mit 1 kg 20 dkg Zucker (bei kleinerer Menge nimm entsprechend weniger), gießest danach das klare, heiße Zuckerwasser über die Nüsse. Laß bis zum nächsten Tag so stehen. Nun seih den Zuckersaft wieder in eine Rein, koch ihn wieder auf eyn Weilerl, laß ihn kalt werden und übergieß damit die Nüsse. Das machst du so mehrere Tage lang, thuest auch noch etwas Zucker hinzu, auch eyn Leinwandsackerl mit Gewürznelken und Zimtrinde laß mitkochen. Der Schaum, der sich bildet, soll weggethan werden. Durchs Verkochen und weiter Zucker Dazugeben wird der Saft weniger und dicker, und das ist richtig so. Das langsame Eindicken ist deshalb richtig, weil die Nüsse rund und saftig bleiben, bist du zu schnell, schrumpeln sie. Am 6. oder 7. Tag entferne das Gewürzsackl, koch den Zuckersaft bis zum Spinnen, dann die Nüsse darin noch kurz. Hernach thue die Nüsse in Gläser oder Töpfl, den Zuckersaft laß auskühlen und gieße ihn darüber, binde zu und verwahre an kühlem Ort.

Weiße Nüsse.

Für diese Speise mußt du die Nüsse auswachsen lassen, doch die Schale muß noch weich sein, das ist im August. Schäle ab und thue sie in eyn Wasser, in dem auch gestoßener Alaun ist. Dann blanchiere sie, wozu auch Alaun gegeben wird, dann koche weiter mit frischem Wasser und Alaunzusatz, so daß die Nüsse fast schneeweiß werden. Sind sie genügend weichgekocht (Nadelprobe wie bey den schwarzen Nüssen), thue sie in kaltes Wasser und hernach auf ein Sieb, daß sie gut abtropfen, wonach sie in geläuterten Zucker gethan werden. Nach

1 Tag koch den Zucker wieder auf, gieß ihn über die Früchte – kurzum, mach so wie bey den schwarzen Nüssen, sechs bis sieben Tage lang. Ins Leinensackerl bindest du bei den weißen Nüssen eyn Stück Vanillestange, das du aber zuletzt entfernest.

◆❦※◆◆ ◆❦※◆◆ ◆❦※◆◆ ◆❦※◆◆

Brief der Pepperl Adlgasser an ihre Stiefmutter
Anna Maria Stainerin   1806

Chère maman, Du meine liebste Freundin!
Durch Deinen Brief hast Du allerley Verwirrtheiten bey uns in Wien angerichtet. Mit eynem Tränkel und den richtigen Wörtern hat der Schani, der vielleicht doch eyn guter Artzt wird, den armen Onkel Hohenwarter grad ins Bett gebracht, dem er zwei Nächte fernblieb. So groß ist seyne Verzweiflung über das, was Du ihm geschrieben hast.
Ich sehe Dich noch mit dem uralten Dottore Barisani reden, der das ewige Leben zu haben scheint, das Zwetschgen-Krampus-Mandl mit der jungen Frau, aber sie zwidert es ihm schon kräftig an, die schöne Babette! Gantz weiß war Dein schönes Gesicht bey dem Leichenschmaus, den Du mit aller Sorgfalt hergerichtet hast, ich sehe es vor mir, Du hast meine Hand gehalten und leise gesagt: »Es ist dem Vater schon recht.«
Weil ich meinte, Du solltest unser Haus mit allem Inventar und die 15.567 fl., 42 kr. Bargeld, was unser Vater insgesamt Dir alles vermacht hat, doch auch, nach seynem Willen, behalten: nach meynem Willen und auch dem des Schani und des Franzl es für uns drei BEWAHREN. Denn in Deinen

Händen ist ALLES SO SICHER WIE SONST IN NIEMANDES HÄNDEN.

Aber Du hast gesagt: »Jeder von Euch drei hat im Haus Wohnrecht, braucht Ihr's, macht beim Notar Hopfgarten einen Vertrag wegen der Kostenteilung. Das Bargeld legt der Hopfgarten zum gleichmäßigen Fruchtgenuß für alle drei an. Denn die Ehefrauen, hast Du gesagt, gehen und kommen wie Fremde, das Geld muß beym Mann und den Kindern bleiben, und ist der Mann toth, bey den Kindern.«

Der Fruchtgenuß wäre doch Dir zugestanden! So verzichtest Du auf alles unseretwegen? Freilich behältst Du das Kapital, auch Haus und Inventar bleiben Dein Eigen. Aber wenn wir es nützen dürfen, ist es für Dich nur eyn tother Besitz!

Ich halte das dicke Buch, das Du für mich angelegt hast, in den Händen. »Ein Haushalts- und Wirtschaftsbuch sowie einige Rathschläge für junge Frauen«, steht drauf: Rezepte sammeltest Du für mich, es ist so ordentlich und liebevoll, und ich werde es fortsetzen, in Deinem Sinn. –

Ich höre den Hohenwarter, ich kenne seinen Schritt, über die Stiegen kommen. Es ist Mitternacht vorbey, nützt das Tränkel doch nichts.

Eynen Handkuß an Dich hat mir mein Mann aufgetragen.

Deine unglückliche, gschuslate*

Pepperl

* schusselige.

Verzeichnis der Rezepte

Aal
  gebraten 58
  in der Muschel 59
  in pikanter Sauce 58
  mariniert 59
Äpfel, preußische 176
Apfelsauce
  kalt 147
  warm 141
Apfelscharlotten 175
Apfelspeise 176
Auerhahn, gebraten 118

Backteige 168
Beefsteak
  deutsches 100
  mit Spiegelei 100
  mit Zwiebeln 100
  roh 101
Bierteig 168
Bœuf à la mode 101
Bohnensauce 147
Braune Farbe f. Speisen
  u. Saucen 18
Braune Grundsuppe 49
Braune Kraftsuppe 38
Braune Sauce 134
Braune Suppe 38
Bröselknödel 170
Brot 153 ff.
Brotsuppe 39
Brustkern, gedünstet,
  mit Schwämmen 102

Capernsauce 147
Cotelets (Rind)
  gefüllt 87
  grilliert 86
Cotelets (Schwein)
  gehackt 107
  mit zwei pikanten
    Saucen 107

Dotterteig 108

Einbrenn 24
Eingetropftes 55
Ente
  französische 69
  gefüllt 68
  in der Schüssel 71
Erbsen, graue 159
Erdäpfelknödel 171
Erdäpfelmehl 25

Erdäpfelnudeln 170
Erdäpfelsauce 135
Erdäpfelspeisen 157 ff.

Falsche Schildkröten-
  suppe 54
Fasan i. Speckhemd 119
Faschierte Gurken 161
Ferkel, gefüllt 109
Filets von Gurken 162
Fines herbes 32
Fischragout 63
Fischspeisen 57 ff.
Fischsuppe 40
Fischtopf 64
Fleischkuchen 126 ff.
Fleischspeisen 77 ff.
Fleischsuppe 41
Fleischsuppen,
  gestoßene 42 ff.
Fleisch und Fisch 65
Französische Ente 69
Französische Sauce 135
Frikandeaus
  Grundrezept 79
  eine Schüssel voll 82
  gedünstet 79
  natur 80
Früchtebrot 154
Frühlingssuppe 45

Gans, wie ein Auer-
  hahn zubereitet 72
Gänsefett 26, 27
Gebackene Gurken 161
Geflügel 67 ff.
Gefüllte Cotelets 87
Gefüllte Semmeln 174
Gemsenbraten 119, 121
Gemüse 157 ff.
Gemüseallerlei 160
Geriebenes Gerstl
  (Graupe) 56
Gerstlauflauf 179
Gesundheitsuppe
  aus Kalbsknie-
    beugen 46
  mit Knödeln und
    Champignons 47
  mit Markknochen u.
    verlorenen Eiern 48
Gifte in der Küche 20
Glacierte Zwiebeln 166

Graue Erbsen 159
Grenade
  von Kalbsleber 117
  von Kalbszungen 126
Grillierte Cotelets 86
Gurken, faschiert und
  gebacken 161
Gurken in Rahm 162
Gurkensauce 148

Hagebuttensauce 141
Hamburger Sauce 136
Hammelfleisch 114 f.
Hammelschlögel,
  gebraten 114
Hecht 60 ff.
Heidelbeeren,
  schwarze 186
Heidelbeerkompott 185
Heidensterz 171
Helle Grundsuppe 49
Herausbacken 19
Hötschen-Bötschen-
  Sauce 141
Hühnertopf 74
Huhn im Topf 74
Huhn in Schokoladen-
  sauce 72

Innereien 115 ff.

Judenfleisch 62

Kaffeeauflauf 180
Kälberkarbonaden 86
Kalbfleisch 78 ff.
Kalbfleisch, als Lachs
  zubereitet 83
Kalbsbraten auf
  Stettiner Art 93
Kalbsbrust
  mit Kapern und
    Weinbeeren 84
  mit Stachelbeeren 85
Kalbsleber
  gedünstet 115
  gefüllt 116
Kalbsnuß, natur 80
Kalbsrücken,
  gebraten 88
Kalbsscheiben,
  gebacken u. gefüllt 93
Kalbsschlögel
  auf Stettiner Art 93

falscher 98
gebraten 89
gedämpft, auf
    französische Art 97
gedünstet 92
mit Buttermilch 94
paniert 92
Kalte Saucen 147 ff.
Kapernsauce 147
Karpfen 62
Kartoffelknödel 171
Kartoffelnudeln 170
Kartoffelsauce 135
Kartoffelspeise
    aus Resten 158
    feine 158
Kartoffelspeisen 157 ff.
Käsebällchen 173
Kastanienkugeln 180
Kastanien-Obers-
    schaum 181
Kaviarsauce 136
Kletzenbrot 154
Knoblauchsauce 137
Königskuchen von
    Wildpret 127
Krammetsvögel 125
Kräuter 31 ff.
Kräuterbutter 32
Kräuteressig 34 f.
Kräuter in Öl 31
Kräuterpulver 31
Kräutersauce 149
Kräuter trocknen 31
Krebsbutter 29
Krebssuppe 51
Krenfleisch 104
Krensauce
    kalt 150
    warm 137

Lammrücken, wie Reh-
    ziemer zubereitet 114
Leberkäse 128
Leberkuchen 117
Leber mit Heringen 117
Legieren 25
Linsensauce 147

Mandelsauce 150
Mandelsauce, süß 184
Markpuddingkuch. 173
Marmorkuchen
    (aus Fleisch) 130
Matelote 63
Meerrettichsauce 137

Mehlschwitze 24
Mehlspeisen 167 ff.
    gesalzen 170 ff.
    süß 175 ff.
Milchsauce 139
Milzsauce 135
Mirabellensauce 139
Mohr im Hemd 181
Mürbteig 182
Muschelsauce
    echte 140
    falsche 140

Neunaugen, gebraten 63
Nierenkuchen 131
Nudel- und Fleisch-
    auflauf 174
Nüsse
    schwarze 186
    weiße 187

Obstsaucen 141 f.

Petersburger Suppe 53
Petersil als Gemüse 164
Petersilbutter 32
Pfefferfleisch 85
Pfefferhuhn 73
Pfefferminzsauce 144
Pfeffersauce 143
Polnische Sauce 142
Potage au chasseur
    mit Kastanien 44
    mit Linsen 45
    vom Wildgeflügel 44
Praktische Hinweise 18
Preußische Äpfel 176

Quarkkoch 183

Rahmstrudel 183
Ranzige Butter 18
Räucherschinken 111
Rebhuhn
    gebraten 124
    mit Sardellen-
    sauce 124
Reisbirnen 178
Rindfleisch 99 ff.
Rindsnierenfett 26
Rostbraten 104

Sardellensauce 151
Sauce blanche 146
Saucen 133 ff.
Sauce remoulade 149
Sauce tartare 147
Sauerampfer als
    Gemüse 164

Sauerampfersauce 143
Sauerbraten 105
Sauerkirschensauce 142
Schinken
    geräuchert 111
    in Madeirasauce 113
    mit Reis 113
Schmorbraten 101
Schokolade-Brot-
    kuchen 179
Schokoladepudding 181
Schwarze Heidel-
    beeren 186
Schwarze Nüsse 186
Schweinefleisch 107 ff.
Semmelschnitten 25
Senf 29
Senfsauce 151
Spanische Sauce 144
Speckgurken 163
Specksauce 145
Spinat 165
Suppe
    mit Kräutern 50
    vom Kapaunen 50
Suppen 37 ff.
Suppeneinlagen 55

Tauben, gebraten 125
Topfenkoch 183
Trüffeln 30
Trüffelsauce 145

Vanillesauce 184
Veilchenessig 36

Wacholderdrosseln 125
Wacholdersauce 151
Warme Saucen 134 ff.
Weichselsauce 142
Weinsauce 142
Weinteig 168
Weintraubenstrudel 184
Weiße Nüsse 187
Weiße Sauce 146
Wiener Schnitzel auf
    deutsche Art 81
Wild 118 ff.
Wildenten 125
Wildgeflügel 118 ff.
Wildpretsauce 152
Wollfenzel 185

Zarin-Suppe 53
Zuckergurken 163
Zwiebelbrot 156
Zwiebeln, glaciert 166
Zwiebelsauce 134

Inhalt

Das Tagebuch der Anna Maria Zeisberger ..   7
Das Kochbuch der Anna Maria Stainer   17
     Einige praktische Hinweise   18
     Wie du verschiedene Sachen richtig
     und gutt machst   24
     Was du über Kräuter wissen mußt......   31
     Von denen Suppen   37
     Fisch zu bereiten   57
     Allerley Geflügel   67
     Alles vom Fleisch   77
        Vom Kalb   78
        Vom Rind   99
        Vom Schwein   107
        Vom Hammel   114
        Von Innereyen   115
        Vom wilden Geflügel und Wildfleisch 118
        Fleischkuchen   126
     Warme und kalte Saucen   133
        Warme Saucen   134
        Kalte Saucen   147
     Brot zu backen   153
     Allerley Gemüsen- und Erdäpfelspeisen 157
     Mehlspeisen   167
        Gesalzene Mehlspeisen   170
        Süße Mehlspeisen   175
     Verzeichnis der Rezepte   190